在均线中寻找获利良机！

从零开始学 均线

陈金生◎编著

（第三版）

移动平均线有粘合与发散、支撑与压力、脉冲与修复、切线与穿越、拐点与穿越等显著的特征，通过分析这些不同的特征，投资者可以找到最佳的买卖点位，完成建仓和出货等几乎所有的相关操作。

经济管理出版社

ECONOMY & MANAGEMENT PUBLISHING HOUSE

图书在版编目（CIP）数据

从零开始学均线/陈金生编著. —3 版. —北京：经济管理出版社，2015.10
ISBN 978-7-5096-3937-5

Ⅰ. ①从… Ⅱ. ①陈… Ⅲ. ①股票交易—基本知识 Ⅳ. ①F830.91

中国版本图书馆 CIP 数据核字（2015）第 203940 号

组稿编辑：勇　生
责任编辑：胡　茜
责任印制：黄章平
责任校对：车立佳

出版发行：经济管理出版社
　　　　　（北京市海淀区北蜂窝 8 号中雅大厦 A 座 11 层　100038）
网　　址：www. E-mp. com. cn
电　　话：(010) 51915602
印　　刷：三河市延风印装有限公司
经　　销：新华书店
开　　本：720mm×1000mm/16
印　　张：15
字　　数：238 千字
版　　次：2016 年 1 月第 3 版　2016 年 1 月第 1 次印刷
书　　号：ISBN 978-7-5096-3937-5
定　　价：48.00 元

第三版序

有股票交易经验的投资者会有一个共识：股票市场投资风险大，规避风险获得利润是一件看似简单却难以实现的事情。要获得稳定的投资回报，我们需要在牛市中买卖股票。只要我们有自己的一套交易策略，获得收益就并非难事。股市经历了 2009 年 7 月到 2014 年 7 月长达 5 年的熊市调整后，终于在 2014 年下半年进入牛市状态。截至 2015 年 5 月底，上证指数收盘在4500 点的时候，涨幅已经高达 150%，创业板指数上涨 400% 以上。我们显然不应该错过这波大牛市。在牛市中，上证指数还未突破历史高位的时候，个股早已经处于突破的边缘或者已经再创新高。

在新的牛市行情中，我们可以利用已有的交易策略来买卖股票，同样可以收到较好的投资效果。与以往不同的是，这一次涨幅较大，而个股当中牛股辈出。行情转暖的时候，把握交易机会的投资者，可以是超短线买卖的投资者，也可以是中长期持股的投资者。

根据不同的交易策略需要，我们判断行情的时候，可以选择 K 线、技术指标等完成短线交易，提升每一次买卖的盈利空间。当然，我们要想获得中长期的盈利机会，可以在均线交易、趋势线交易和跟庄交易上下功夫，获得庄家买卖股票的信息，提升把握中长期盈利机会的能力。

短线买卖的时候，每一次都能有机会获得 10%~30% 的利润；而中长期交易的时候，卖出股票时获得翻倍收益的概率很大。在牛市行情中，我们短线交易盈利的机会很多，低买高卖是个不错的交易手段。即便短线买入股票后出现亏损，随着股票指数的反弹我们还是能够继续盈利的。在中长期回升趋势中，我们可以利用股票指数调整的机会增加持股资金，在中长期的回升走势中获得收益。

技术分析过程中，我们可以通过学习最基本的 K 线、均线、指标、趋势、短线交易策略等获得收益。如果我们能够在各种走势中融会贯通地运用这些指标，那么盈利是迟早的事情。从短线交易到跟庄和战胜庄家，我们有很多需要学习的地方。"新股民从零开始学炒股系列"丛书，内容涉及K线、均线、指标、趋势、短线和跟庄等全面的技术分析内容。在经过修订后的本系列第三版的书中，我们将更好、更新的实战案例融入进来，为投资者提供更贴近实战的交易手法。

在牛市出现的时候，各种技术指标也会出现不同于以往的复杂变化。不过，指标变化万变不离其宗，按照本系列第三版书中所讲的内容，我们不难发现交易机会并可获得稳定的投资回报。值得一提的是，本系列第三版图书的内容并非只针对特定案例做出特定的买卖策略解读，实际上，书中的案例全部是可以参考的操作策略。我们要善于把握交易机会，举一反三地运用买卖方法，提高交易的准确性。

升级版的牛市需要升级版的技术分析方法，在牛市当中，牛股有更好的波动潜质，而技术指标的变化也是有迹可循的。我们平时常见的指标形态和价格走势，会在牛市中表现得更加出色。当然，相应的交易机会就更不能错过了。围绕K线、趋势等技术分析方法，我们能在实战交易中做得更好。

不同的牛市行情有不同的牛股走势，在2014年7月以后的牛市中，成交量远超过历史量能。融资融券活跃，股指期货、期权蓬勃发展，我们应当以平常心看待牛市。从零开始学习股票交易的过程，也可以获得超过指数的投资回报。

前　言

众所周知，股票市场中的投资风险巨大。避开投资风险、获得投资收益是众多散户们的最终梦想。获取投资收益的方法多种多样，但多数投资者所用的方法都是技术分析。移动平均线作为技术分析中一项基本的分析方法，是几乎所有的投资者都应该牢牢掌握的方法。想要避开移动平均线这种分析手法，而另辟蹊径地分析股价的变化规律，几乎是不可能办到的。所以笔者认为有必要帮助那些入市不久、技术分析水平有限，而又急于寻找一种有效的盈利手段的投资者。

移动平均线是描述股价波动趋势的曲线，能够帮助投资者更清晰地看出股价波动的支撑位置和压力位置，抓住投资机会而避免遭受损失。移动平均线的计算方法虽然非常简单，但是在使用均线的过程中，却能够延伸出众多变幻莫测的均线形态，以致投资者不得不认真研究，以便达到更好的投资效果。

移动平均线依据的计算周期不同，会有短期、中期、长期等不同的移动平均线。在实盘操作当中，不同均线也会出现不同的用法。但是，大体上来说均线具有黏合与发散、支撑与压力、脉冲与修复、切线与穿越、拐点与穿越等显著的特征。通过分析这些均线的不同特征，投资者可以找到最佳的买卖点位，完成建仓和出货等几乎所有相关的操作。当然，除了均线的诸多特征以外，均线相关指标也是投资者应该予以掌握的。常用的均线相关指标有乖离率指标（BIAS）、指数平滑异同移动平均线指标（MACD）、布林线指标（BOLL）等。除此之外，在应用移动平均线的时候，葛兰威尔均线八大法则也是不得不提的重要内容。只要投资者使用移动平均线进行股票操作，葛兰威尔均线法则中的买卖点位就对投资者操作股票有很强的指导作用。

通过本书的学习，投资者可以对移动平均线的各种形态有更加深入的了解，对于均线的相关指标也会有更好的把握。本书最大的特征是与实际操作紧密结合，能够用翔实的例子来证明难以理解的指标，使投资者在阅读过程中潜移默化地接近实盘的操作状态。本书涉及近250幅图片，作为读者参考的重要依据。投资者如能深入地领会实例中的操作方法，则对今后的买卖股票大有裨益。

本书的编写得到了李星野、黄俊杰、薛莎莎、李建伟、张超、石娟、王佑灵、谢荣湘、苗小刚、张彩玉、王海涛、石国桥、王立群、韩雷、毛时玉、成玉连、王艳兰、俞慧霞、张雪梅等的大力支持，在此一并致谢。

目　录

第一章　均线及其分类

第一节　什么是均线

一、什么是均线

均线是移动平均线的简称，移动平均线是由道氏理论中的移动平均成本引出来的。它使用数学中移动平均的计算方法，把历史上各期股票价格的平均值连成平滑移动的曲线，以此表示股票价格变化的情况，从而帮助投资者准确预测股票价格的变化趋势。

由此可见，均线指标是反映价格运行趋势的重要指标。均线的运行趋势一旦形成，将在一段时间内继续保持，趋势运行所形成的高点或低点又分别具有阻挡或支撑作用，所以均线指标所在的点位常常是十分重要的支撑位或阻力位，这就为广大股民提供了买进或卖出的有利时机。

二、均线的计算方法

移动平均线的计算方法是非常简单的，就是将某一时间范围内的股票收盘价格相加，计算出平均数，计算公式如下：

n日移动平均线 = n天股票的收盘价格/n

从这个公式可以清楚地知道移动平均线应该如何计算：

5日移动平均线 = 连续5天股票的收盘价格/5

30日移动平均线 = 连续30天股票的收盘价格/30

200 日移动平均线＝连续 200 天股票的收盘价格/200

计算出对应时间段的移动平均值之后，再将股价的平均值连成平滑的曲线，就得到了对应时间周期的移动平均线。

第二节　均线的分类

移动平均线按照计算的时间周期可以分为短期移动平均线、中期移动平均线和长期移动平均线。

一、短期移动平均线

短期移动平均线的计算周期一般有 5 天、10 天、15 天等。短线投资者可以利用短期移动平均线反映的买卖信号来择机买卖股票。限于参与计算的时间短暂，短期移动平均线只能够发出短线的买卖信号，对于预测股价变化的长期趋势却无能为力。而且，短期股价剧烈波动，很可能造成短期移动平均线的表现过于激烈，不能够正确地反映股价的中长期变化方向，因此短期移动平均线在实际运用中有很大的局限性。

如图 1-1 所示，从中粮屯河的日 K 线可以看出，该股票日 K 线对应的 5 日均线、10 日均线和 30 日均线的变化频率依次变缓。投资者在运用短期移动平均线操作股票时，可以发现在这三条移动平均线中，5 日移动平均线最为灵敏，股价很小的波动都可以反映出来，而 30 日移动平均线的变化相对要平稳得多。股票在下跌的趋势中，时间周期较长的移动平均线在上，短期移动平均线在下依次排列。而股价上涨的时候，短期移动平均线也会随着股价向上波动而在长期移动平均线之上。投资者可以借助移动平均线的各种形态变化，综合地判断股价的运行方向。

二、中期移动平均线

中期移动平均线一般有 30 日移动平均线、60 日移动平均线和季线。其中 30 日移动平均线也叫月线，其计算周期是除去 8 天没有进行交易的周末，

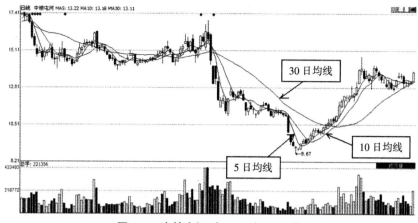

图1-1 中粮屯河（600737）日K线

30日移动平均线就变为22日移动平均线。月线在实战当中的应用效果比较好，使用的投资者也比较多，可以在中线投资中发挥比较好的作用。季线的计算周期长达4个月，波及的股价范围比较广泛，对短线投资者的意义不是很大，但是对于指导中线投资者选择进出市场的时机就比较有意义了。

如图1-2所示，从新乡化纤的日K线中可以看出，该股在上涨过程中，短期10日均线的变化是非常激烈的。而60日均线则是非常缓慢地变化着。股价开始下跌前，通过60日均线是很难看出来的，通过10日均线就很容易发现了。而当股价真正跌破60日均线时，中线投资者就可以看空后市了。

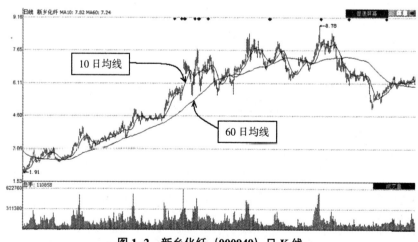

图1-2 新乡化纤（000949）日K线

三、长期移动平均线

长期移动平均线有 200 日移动平均线、年线等。其中 200 日移动平均线是欧美等国家使用概率比较高的长期移动平均线。提出了移动平均线八大法则的美国投资专家葛兰威尔，又提出 200 日移动平均线对于投资的有效性。后来股市中众多的长线投资主力也纷纷效仿，使用 200 日移动平均线来指导长线投资。国内的很多机构投资者在选择买卖点时，也经常使用 200 日移动平均线来进行交易。无论是 200 日移动平均线还是年线，计算的时间周期都比较长，股票价格走势受到短期价格剧烈波动的影响非常小，因此受到了投资者的广泛好评。但是，在短线投资中，200 日移动平均线并不能够为投资者带来多大的收益。在很多时候，短线投资者忽略 200 日均线的变化反而会获得更好的投资收益。

总之，不管投资者进行短线交易还是长线投资，长短结合、有所侧重地观察移动平均线，更能够指导投资者的投资，获得相应的投资回报。做短线时，适当参考长期平均线，可以在大方向上有所把握，以免在短线投资中失去辨别方向的能力。而对于长线投资来讲，适当地关注短期移动平均线，可以选择出更好的进出市场价位，减小买卖股票时的潜在投资损失。

如图 1-3 所示，从江苏开元的日 K 线图中可以看出，变化非常缓慢的 200 日均线是长线投资者参考的非常重要的一条移动平均线。而鉴于 200 日移动平均线的变化过于缓慢，投资者要想买在比较低的价位，而卖在相对高

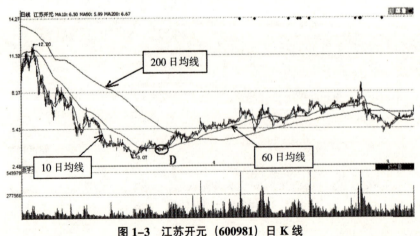

图 1-3 江苏开元（600981）日 K 线

的价位，就要参考一下中线投资者使用的 60 日均线和短线投资者使用的 10 日均线。这两种移动平均线都可以带来不错的收益。特别值得一提的是，60 日均线可以帮助投资者顺利找到股价反弹的最佳点。图 1-3 中的 D 位置就是不错的买入股票的时机。

第二章 均线的黏合与发散——预示股价运行方向

第一节 均线黏合程度

一、均线黏合介绍

均线黏合就是各种周期的移动平均线交叉在一起，分不出均线的具体运行方向。由股价所处的方向来看，均线黏合基本上可以有两种情况：一种是底部上涨之初的均线黏合，黏合是为了以后的上涨蓄势；而另一种是股价经过长期大幅上涨之后，在顶部出现了均线黏合，顶部出现的均线黏合只不过是主力为了出货而刻意制造的均线形态罢了。

股价在底部形成均线黏合形态之后，不仅从形态上看股价趋于稳定，均线聚集于某一个位置附近；而且从筹码分布的角度来分析，股价长时间小幅波动，股票在投资者之间经过了很充分的换手，筹码的集中程度就相当高了。相对集中的筹码分布，在主力大肆拉升之后，股价的上涨空间被打开，今后的涨幅一定是非常惊人的。所以说，选股就应该侧重于那些黏合程度很高，而且又有所突破的股票，其上涨的潜力是十分惊人的。若股价在顶部很长一段时间里维持震荡走势，并且在均线形成黏合形态之后股价出现下跌，那么下跌的巨大空间也就被完全打开。持股的投资者如果不止损，则损失会不断地扩大。

均线黏合的时候，底部的筹码高度集中是主力控盘的结果；而顶部的筹码集中分布是股票在散户之间不断转换的结果。当主力在底部控盘之后，拉升股价不再成为难事；而顶部散户手中持股过多之后，股价很容易在主力抛售股票时迅速大幅度地下跌。可以说，不管均线在何处黏合，都为今后股价的波动创造了条件。均线黏合的股票是投资者关注的重点，一旦有所突破就是绝好的操作机会。

判断均线黏合后股价的运行趋势，还要注重成交量的变化。毕竟量在先、价在后，没有成交量的相应变化，股价无论如何是不可能在短时间出现实质性变化的。倘若股价处于底部的时候，均线黏合，则股价放量突破上涨就可以是看多的信号。股价在高位出现黏合，震荡之中开始放量向下跳水，这时候投资者就要多加小心了。下跌可能不一定意味着股价上涨的趋势即将结束，但是下跌时成交量连续放大就很值得怀疑了。股价可能在放量之后就一蹶不振地开始大幅下挫，止损很可能就成为投资者的必然选择。

二、均线黏合的程度

均线黏合从黏合的均线数量、黏合的时间可以有不同层次的黏合。深度黏合的股票，通常会在股价突破之后有很大的波动空间。而短暂的、少数均线出现黏合，并不意味着股价今后会有很大的跌幅。从黏合的时间上看，可以有持续一个月的黏合、两到三个月的黏合、三个月以上的黏合；从黏合均线数量上看，可以有两根短期均线的黏合、三根短期均线的黏合、三根以上均线的黏合。具体的黏合程度分类有如下几种：

1. 持续一个月的 5 日均线和 10 日均线黏合

时间持续一个月，一般不会有太多的均线黏合在一起。因为长期均线的变化比较缓慢，而短期均线的变化又比较快，短期均线可以很轻松地形成黏合的形态，而长期均线欲形成黏合的形态，耗费时间是必然的。能够持续一个月的均线黏合，5 日均线可以很容易地与 10 日均线黏合在一起。但是由于时间比较短暂，这期间成交量或换手率都非常高，否则后市难以形成真正有效的突破行情。对于这一点，投资者应该有清醒的认识。在均线黏合之后，每次突破后都进行相应的操作是非常不明智的。

如图 2-1 所示，从航天晨光的日 K 线图中可以看出，该股下跌途中见底后，5 日均线随即与 10 日均线形成了黏合的形态。黏合的时间持续不过

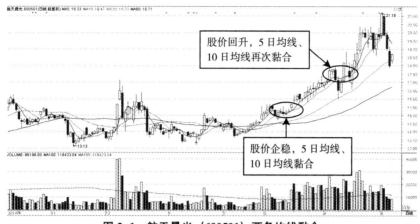

股价回升，5 日均线、10 日均线再次黏合

股价企稳，5 日均线、10 日均线黏合

图 2-1　航天晨光（600501）两条均线黏合

一个月，股价开始顺势上涨。在上涨途中，出现了一次非常明显的调整行情，股价调整期间，5 日均线与 10 日均线再一次形成了黏合的形态。这两次短时间的黏合都是股价上涨前的蓄势，蓄势完成之后股价可以进一步进入上升趋势中。

2. 持续两到三个月的 5 日均线、10 日均线和 30 日均线黏合

如果前期股价波动的幅度不是非常大，三个月的时间足以使三条均线（5 日、10 日和 30 日）形成黏合的现象。三条均线形成黏合之后，说明股价的波动已经告一段落，今后的趋势是否能够延续先前的上涨或者下跌趋势，还有待进一步的确认。但有一点可以肯定，股价在突破之后很可能会持续一段时间。如果股价突破上涨，那么投资者可以继续持股，等待主力进一步拉升股价。如果股价下跌，投资者应该尽快减少仓位或者进行止损。

如图 2-2 所示，在八一钢铁的日 K 线中，股价于 15.87 元/股见顶回落之后，在下跌趋势中反复震荡，最后形成了 5 日均线、10 日均线、30 日均线黏合形态。黏合的过程显然是 5 日均线与 10 日均线首先黏合，然后两条均线再与 30 日均线黏合。5 日均线与 10 日均线黏合之后，股价的上涨幅度非常小，只是短时间的反弹而已。而三条均线都形成了黏合之后，后市会怎么样呢？

如图 2-3 所示，八一钢铁日 K 线中的三线黏合之后，股价放量上涨一举突破前期的阻力线。下跌中的股票，三线黏合的作用是对过度的下跌进行调整，当然也有为股价上涨蓄势的意味，但是股价能否真正上涨，就要看后市中能否有效放量了。只有放量突破阻力之后，上涨的趋势才能真正地确立。

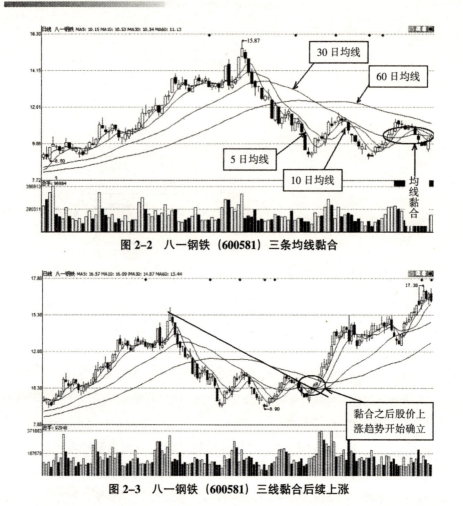

图2-2 八一钢铁（600581）三条均线黏合

图2-3 八一钢铁（600581）三线黏合后续上涨

3. 持续三个月以上的5日均线、10日均线、30日均线和60日均线的黏合

在三个月以上的时间内，股价都处在波动整理状态中。股价震荡的同时，各条均线也会形成非常明显的黏合现象。在各条均线都开始黏合的时候，聚集的风险非常大，同时投资机会也非常好。仅有两条均线形成黏合，可能根本不能够说明什么问题。但是从短期的5日均线到中期的60日均线全部形成黏合形态，股价突破之后的爆发力就比较大了。若是黏合出现在股价上升之初，那么后市股价可能大幅度上涨；如果在下跌趋势中形成均线黏合形态，那么后市看空的幅度也是非常大的。

如图2-4所示，从新疆城建的日K线图中可以看出，该股在除权之后利用五个月的时间完成了四条均线的黏合。当5日均线、10日均线、30日均线和 60 日均线完全黏合之后，股价进一步确立运行方向就显得有必要了，毕竟五个多月的调整时间已经不短了。五个月的蓄势完成了均线黏合，一旦股价放量突破就会有惊人的涨幅。

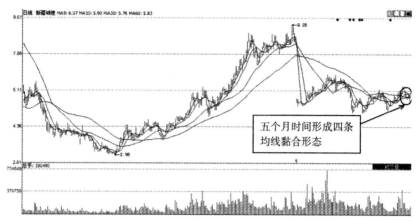

图 2-4　新疆城建（600545）日 K 线

如图 2-5 所示，在新疆城建的日 K 线中，四线黏合之后股价随即出现了放量大涨的行情。显然该股均线黏合是主力长期运作的结果，黏合前出现不连续的放量就是主力吸筹过程的体现。从图 2-5 中并不能看出股价是在横盘中调整均线的形态，而当股价上涨之后，就可以在图中看到股价上涨前确实处于横盘整理。其原因就是股价处于低位时，价格波动相同的幅度显示在股价的绝对值上却非常小。而随着股价不断上涨到新的高度，每上涨一个百分

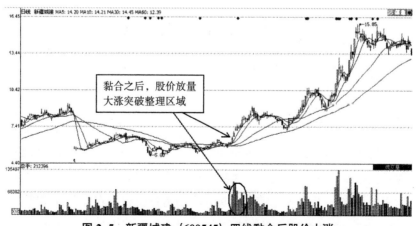

图 2-5　新疆城建（600545）四线黏合后股价大涨

点，对应的价位区间就比较大了。这样在投资者看来，先前的股价波动区间就小得多了。

　　事实上，对于所有的股票都是如此。只要股价不断地上涨，先前股价波动的幅度会越来越小。上涨的趋势没有结束之前，当时股价的波动幅度在以后看来一定还是变小的，这就是投资者通常都可以看到的情形。

　　如图 2-6 所示，在上海机场的日 K 线中，均线黏合的地方是在下跌趋势中。图中显示的四条均线黏合之后，股价下跌的趋势并没有发生转变，而是沿着原来的趋势继续运行下去。黏合的均线只不过是为进一步下跌创造了条件，下跌中均线由黏合转为发散，恰好是进一步下跌的开始。

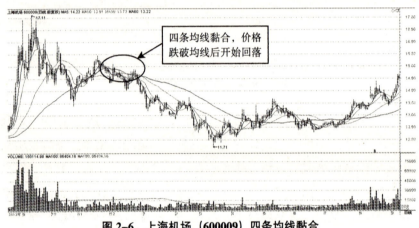

图 2-6　上海机场（600009）四条均线黏合

第二节　均线发散的效果

一、均线发散介绍

　　在上升趋势当中，均线发散出现在上涨被强化的初期；而在下跌趋势中，均线发散则出现在下跌被强化的初期。不管出现在何处，投资者都应该做出相应的反应，不然就会错失买卖股票的最佳时机。在大跌前出现的均线发散，可以说是空头发动攻势的开始，可以把这时候发散的均线称为空头发散；大涨前出现的均线发散，是多头发动攻势的开始，称为多头发散。

空头发散：均线呈现出空头发散时，由上到下依次是长期均线和短期均线。长期均线在上，形成了非常明显的压力；而短期均线在下，形成了相应的短线压力。长期均线和短期均线共同构成了股价上涨的阻力。多条阻力线共同作用，使股价在下跌趋势中不断延续跌势。空头发散的均线给投资者发出了再次卖出股票的信号，看到这种均线，投资者应该尽快选择合适的价位出货，以免错过了卖出股票的最佳时机。

多头发散：多头发散出现在股价上涨的初期，短期均线和长期均线由上到下依次排列开来。多头发散与空头发散的均线排列顺序是完全相反的，与空头发散构成的压力相对应的是，多头发散的均线恰好形成了对股价上涨的支撑作用。从均线指向的方向上来看，空头发散的均线是指向下的，而多头发散的均线是指向上的，这也在一定程度上说明了发散的均线作为压力和支撑作用的效果。

不论是空头发散还是多头发散，参与发散的均线数量越多，其作为股价上涨或下跌的信号就越显著。特别是在短期均线、中期均线和长期均线全部形成发散形态时，股价的涨跌趋势可以说就基本确立了。涨跌趋势确立之后，投资者操作股票的位置可以选择在股价回调的时候。当然，事实上很多强势上涨或下跌的股票一旦确立了趋势，可能短时间内根本不会出现回调，股价会沿着趋势进一步地延续下去。

二、均线发散的程度

与均线黏合相似的是，均线发散也需要短期均线和长期均线共同作用才能够得到比较好的效果。仅仅由短期均线和中期均线参与的发散，其后市走向可能不会持续很长的时间。而如果短期均线、中期均线和长期均线都出现发散，那么趋势就比较明显了。短期均线往往只能够说明短期股价变化的方向，而对于指引长期的趋势带有很大的不确定性；长期均线一般只能够说明股价长期的变化趋势，对于短短几天、几周的变化也是起不到相应的作用。长期均线、中期均线、短期均线结合之后，发散后的趋势基本就是将来股价的运行方向了。

1. 5 日均线、10 日均线发散

5 日均线与 10 日均线呈现出发散的趋势，如果没有其他中长期均线配合发散，可能并不意味着股价今后就能够稳定地上涨或者下跌。这两条均线反映的趋势相对来说是比较小的，持续时间可能也不会太长，但是对短期股价走势的影响是不可以忽略的。尤其短线投资者对于5日均线、10日均线发散的情况不可以置之不理，否则错失买股良机或是出现亏损就难以避免了。

如图2-7所示，在黄山旅游的日K线图中，下跌趋势中股价受到印花税率下调的利好影响，出现了短时间的大幅度反弹行情。反弹后，5日均线和10日均线就形成了向上发散的趋势。虽然30日均线和60日均线没有出现任何显著的变化，但是这并不能够阻碍股价在短期内出现看涨行情。投资者可以借助这次股价反弹创造的多头发散趋势，少量买入一些股票待涨。

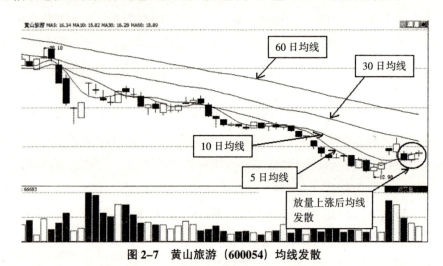

图 2-7　黄山旅游（600054）均线发散

如图2-8所示，股价虽然没有形成长期的上涨趋势，只是在多头发散之后小幅上涨，但是投资者仍然可以获得少量的收益。只是趋势非常小，持股的时间不必太长，仓位上也要控制好，注意见好就收，只有这样操作才不至于在股票再次下跌后造成损失。

2. 5日均线、10日均线和30日均线发散

如果30日均线也配合发散的情况，股价上涨或者下跌的趋势就比较明显了。即使投资者在股价突破的时候追涨或者杀跌，其市场风险也要小得多。如果小于30日的均线全部形成了发散趋势，则更加说明短期的趋势是确定无疑的。这样投资者做出短线买卖决定，就十分合乎情理。

如图2-9所示，从沃尔核材的日K线中可以看出，该股出现三条均线发

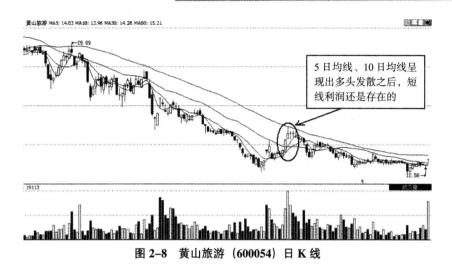

图 2-8　黄山旅游（600054）日 K 线

散之后，上涨的趋势基本上就确立了。不管后市股价如何波动，多头占据优势的趋势没有出现变化。如图 2-10 所示，5 日均线、10 日均线与 30 日均线发散的情况出现变化，60 日均线也逐渐转跌回升并向上发散。

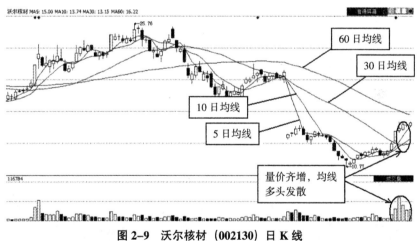

图 2-9　沃尔核材（002130）日 K 线

3. 5 日均线、10 日均线、30 日均线、60 日均线发散

60 日均线代表的是中期趋势的变化方向，如果 60 日均线与前面所说的 5 日均线、10 日均线、30 日均线共同发散，说明市场的中期趋势正在酝酿当中，股价最初的发散只不过是为今后趋势的形成埋下伏笔。如果出现多头发散，投资者见机买入股票后，中期持有股票是获利的关键。均线

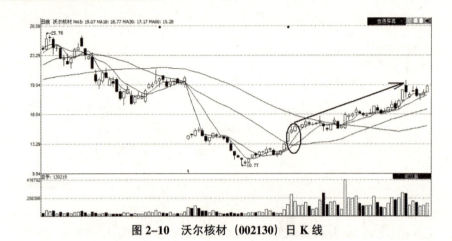

图 2-10　沃尔核材（002130）日 K 线

多头发散时，60 日均线会对股价进一步上涨起到支撑作用。即使在上涨过程中出现短暂的回调，只要没有跌破 60 日均线，投资者就可以继续持有股票，直到真正见顶为止。

如图 2-11 所示，从南方航空的日 K 线中可以看出，该股在站稳多条均线之后，横盘了一段时间进行调整。最后放量上涨，四条中短期移动平均线随即形成了多头发散形态。在 5 日均线、10 日均线、30 日均线和 60 日均线都形成多头趋势之后，股价的上升趋势被确立了。短线投资者或者中线投资者都可以买入股票，等待今后主力拉升股价。

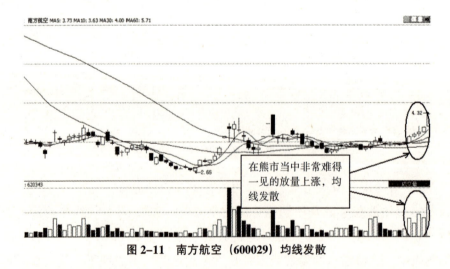

在熊市当中非常难得一见的放量上涨，均线发散

图 2-11　南方航空（600029）均线发散

如图 2-12 所示，从南方航空的日 K 线中可以看出，该股的上升趋势真

正开始于股价放量上涨并形成于出现四条均线发散形态之后,股价上涨的势头长时间内一直没有减弱。在上升趋势中,均线会随着股价不断创新高而出现发散,而调整的时候会出现黏合现象。但是只要股价没有大幅度跌破均线,那么均线再次发散的时候就是很好的买入机会。

图 2-12 南方航空(600029)多头趋势确立

如图 2-13 所示,南方航空在上证指数见顶 3478 点之后,也出现了见顶回落的现象。随着股价重心不断向下移动,短期均线和长期均线形成趋势,风险意识比较强的投资者可以在 5 日均线和 10 日均线向下发散之后开始出售股票。

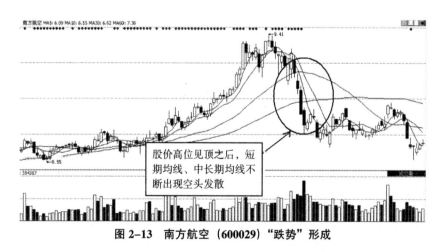

图 2-13 南方航空(600029)"跌势"形成

4. 200 日以下的均线全部发散

200 日均线一般是不会与中短期均线一同形成发散的，即使出现发散的形态，股价可能早已经在多头或者是空头市场中延伸了很长一段时间，毕竟 200 日均线的变化是需要时间来调整的。参照 200 日均线来买卖股票的投资者，都会是长期看好或者是看空后市的。而 200 日均线作为上涨时的支撑作用或者下跌时的压力作用，是不容易被突破的，有效突破之后也就意味着大的牛市或者是熊市已经形成了。

如图 2-14 所示，从东风汽车的日 K 线中可以看出，该股在熊市中见底回升之后，各条均线也先后随之向上发散，中短期的买入机会显然出现了，但是长期持股还是需要投资者深思熟虑的。代表股价长期走势的 200 日均线也出现发散的情况时，投资者才可以安然持股。图 2-14 显示，股价在突破 200 日均线之后，200 日均线才跟随着其他相关趋势线发散向上运行。

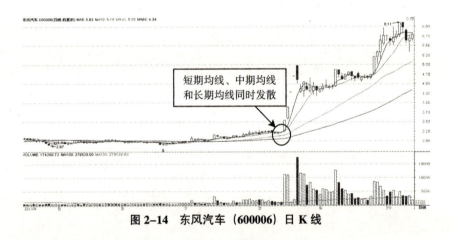

短期均线、中期均线和长期均线同时发散

图 2-14 东风汽车（600006）日 K 线

这样看来，投资者要想抓住短线的投资机会，势必要多关注中长期移动平均线的黏合与发散情况。在股价不断上涨过程中，依照中短期均线做多，当长期均线也随之发散时，投资者就可以继续加仓并长期持有股票了。

第三节　均线发散后买卖点位

一、买卖分类

股价见顶回落前，均线从黏合到发散也是股价从震荡整理到下跌的过程；而股价从熊市转为牛市时，也必然伴随着短期均线、中期均线、长期均线不断向上发散。在实际的股票交易过程中，投资者想要在第一时间内把握到买卖的价位是非常难的。原因很简单，均线的变化一定是股价涨跌之后才出现的。股价没有发生变化，那么均线是不会有任何突破出现。发散均线也是在股价连续大涨或者下跌之后，才会出现投资者一眼看穿的显著变化。而大幅度涨跌之后，即使抓住了买卖价位也不可能是最佳点位。

总之，投资者在运用均线的黏合与发散来买卖股票时，一定是在股价上涨而均线发散之后才开始买卖的。均线没有发生变化，买卖股票就没有任何的依据可言。投资者买卖股票的时机选择无非有三种典型的情况：一是买在股价震荡、均线黏合之时。二是买在股价刚开始突破均线上涨而均线又开始发散之时。三是买在股价第一波上涨之后回调之时，也就是均线在股价完成上涨后再次黏合之时。

第一种情况买在均线黏合之时，投资者面临的投资风险相对比较大，投机性质比较强烈。股价没有出现突破就提前介入，今后股价的真正走势就有很大的不确定性，但是一旦股价真正触底反转，获得的投资收益也是比较丰厚的。

第二种情况买在股价刚刚突破、均线刚开始发散之时。这时候股价变化的趋势就已经在形成过程当中，这时做出相应的买卖动作，风险要小得多。

第三种情况买在股价上涨之后回调的位置上，这时候均线已经从发散状态重新恢复到了黏合形态，买入股票是个不错的选择。唯一不好的地方就是，股价这时候已经高高在上了，投资者的持股成本被抬高了，这样就不利于今后的盈利。

二、均线发散后买卖实例

1. 均线黏合时买股

如图2-15所示，在ST马龙的日K线中，该股由于跌幅过大，股价开始出现调整。在调整过程中，5日均线、10日均线与30日均线相继黏合，但这是否就是买入股票的最佳时机呢？事实上未必如此，只有在均线真正发散之后才可以确认股价上涨的趋势已经形成。

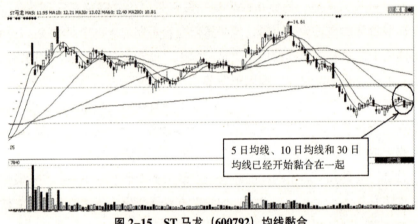

图2-15　ST马龙（600792）均线黏合

如图2-16所示，在ST马龙的日K线中，股价并没有因为均线的黏合而开始上涨，相反出现了新一波的跳水行情。显然，若是在均线黏合之后就买入股票，则亏损的可能性就非常大了。

图2-16　ST马龙（600792）均线二次黏合

如图 2-17 所示，三条中短期均线第二次黏合之后，股价真正的上涨行情才出现。从这个例子中可以发现，选择均线黏合的时候作为入场的点位风险很大，考虑在均线黏合并开始发散之后再买入股票，这样持股的风险可以小得多。

图 2-17　ST 马龙（600792）股价上涨

2. 均线发散后买入股票

如图 2-18 所示，在王府井的日 K 线图中，该股经历了长达八个月的横盘整理，终于在指数上涨的过程中出现了突破迹象。从图中放大的 K 线图可以看出，经过长期的横盘整理之后，均线开始非常显著地发散。发散的均线恰好说明了上涨趋势的开始，投资者在这时买入股票是绝佳的选择。

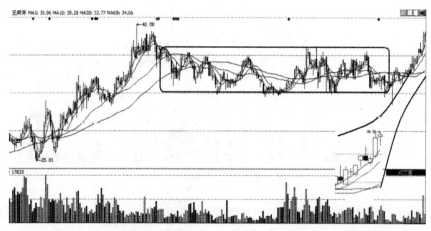

图 2-18　王府井（600859）日 K 线

如图 2-19 所示，王府井的上升趋势始于多条均线发散之时。长时间的调整使均线不断地黏合，但是终究没有什么像样的突破，这一次突破之后却没有多少成交量配合，显然追涨的投资者并不多，但股价的上涨幅度是比较大的。

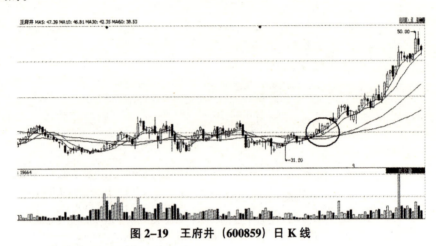

图 2-19 王府井（600859）日 K 线

3. 均线发散回调时买入股票

如图 2-20 所示，在厦工股份震荡上涨当中，各条均线在不经意间已经开始发散，但是这时候股价已经有了一定的涨幅，如果该股能够回落到均线之上，那么将是投资者建仓的绝佳时机。

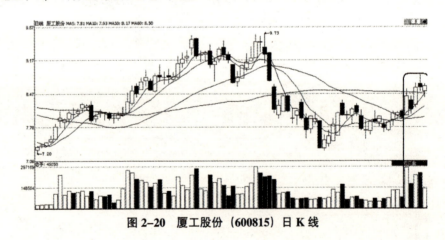

图 2-20 厦工股份（600815）日 K 线

在一般情况下，股价顺利地突破多条均线的压制之后，都会出现或多或少的回调现象。为何出现这种回调现象呢？这是前期套牢的投资者出货的结果。当然，在抛售股票的投资者当中，还有一些是做短线出货的，或者本来就是进行抢反弹操作的，所以股价站在均线之上就成为众多散户出货的良机。如果主力继续做多，少数散户出售股票不足以使股价出现非常大的跌幅。

如图 2-21 所示，湘电股份的上涨过程可谓一波三折，均线刚刚排列成多头形态，股价就开始缩量下跌。那么投资者何时才能够介入这只股票呢？介入的时机就出现在股价跌破多条均线之后，30 日均线处是个不错的建仓机会。前期股价的拉升可以当作主力的试盘行为，主力也可以趁机吸纳一些廉价筹码，之后的再次拉升才是主力的真正拉升。投资者大可不必考虑股价短时间的缩量下跌，大胆建仓是正确的选择。

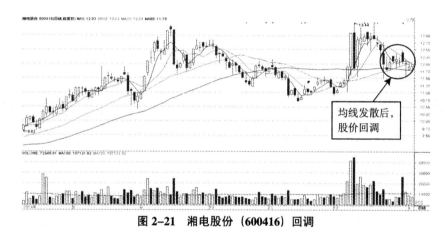

图 2-21 湘电股份（600416）回调

如图 2-22 所示，湘电股份在回调之后迅速反弹，并且在均线之上强势整理。飙涨就出现在短暂的整理之后，该股从 12 元/股附近径直上涨到 20

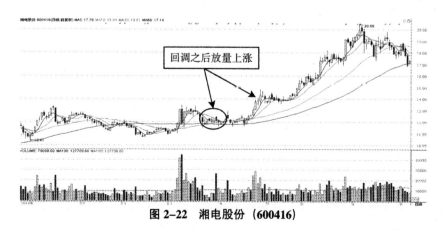

图 2-22 湘电股份（600416）

元/股，涨幅超过 60%。

该股开始上涨的初期，股价震荡只是趋势不明朗的表现而已，股价真正的趋势性拉升还在后边。从图中可以清楚地看出，股价回调的时候均线虽然也从刚刚发散的状态中回调过来，但只是非常短暂的回调，后市中随着股价的"水涨船高"，该股多条均线发散的趋势越发显著。最终，股价可以不断地创出新高。

第三章 均线的支撑与压力——决定股价大的方向

第一节 判断支撑的有效性

一、均线支撑作用

均线的周期不同，股价所处的位置不同，市场多空力量大小不同，反映出均线作为支撑作用的大小也是不一样的。通常来说，长周期的均线对于股价的支撑作用更为明显，而短周期的均线对股价的支撑作用就微乎其微。小于5日的均线对于股价根本不具有中长期的支撑作用，短期来看可能会起到一些小的作用。

判断某一条均线能否对股价起到应有的支撑，首先，投资者应该看均线的计算周期。短期均线作为股价上涨的短时间支撑，而中长期的均线作为股价上涨的中长期支撑。短期均线的支撑作用显然不会持续太长，一般在股价第一次突破短期均线之后，就随之消失殆尽了。而中长期均线一般可以为股价提供两次以上的支撑作用。其次，投资者应该看股价是否在下跌到均线附近时出现了明显的反弹。如果有一两次的反弹出现，那么均线的支撑作用就比较好。反弹的次数越多越能够说明均线的支撑作用强。只要不是强势主力的拉升行为，股价上涨过程都是一波三折的，股价突破均线上涨之后一定会回调至均线重新获得支撑，然后再次上涨。如果均线的支撑作用不明显，股价可能会下跌至均线附近两次以上，之后的反弹才具有很强的持续性。

二、均线支撑效果

1.短期均线支撑作用

在短期均线中，5 日均线的作用是非常小的，它只能为股价短期的反弹起到一些作用，一般持续的时间就是五天左右。而 5 日均线的支撑作用是经不起考验的，特别是在熊市之中，股价能够在 5 日均线处反弹已经是很不容易的事情了。

10 日均线对股价的支撑作用相对比较大，能够在 10 日均线处获得支撑的股票，今后很可能会顺利上涨并且继续考验 30 日均线处的压力和支撑作用。股价如果能够不断地延续上涨趋势，一次次地考验短期均线的支撑作用，并且在获得支撑后继续突破上方的中长期均线，就是长期稳定的牛市行情。

如图 3-1 所示，在三峡水利的日 K 线中，股价在跌破 5 日均线和 10 日均线之后，成交量继续萎缩，下跌的幅度逐渐收窄。最后，在趋于缓慢的下跌中，股价再一次站在了 5 日均线和 10 日均线之上。从成交量再一次出现地量的状态可以预测，这次股价很可能成功地站稳均线并且开始反转上升。能否成功进入牛市行情，就要看这两条均线的支撑作用了。

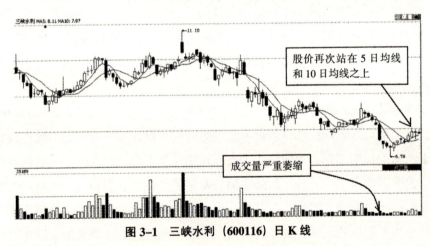

图 3-1　三峡水利（600116）日 K 线

如图 3-2 所示，经过多空双方的较量，股价终于在跌破均线之后出现明显的反弹。图中的大阳线将大阴线完全吞噬就说明了这个问题。既然两条均线起到了支撑作用，那么投资者大胆地买入股票就不会有太大的风险了。阳线吞没阴线之际恰好是投资者建仓的最佳时机。

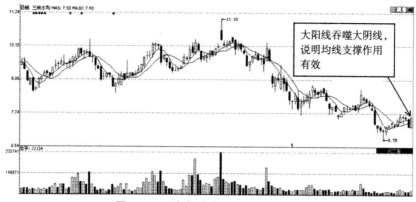

图 3-2 三峡水利 (600116) 日 K 线

如图 3-3 所示，股价在两条均线的作用下顺利地进入牛市行情中。在上涨过程中股价出现了两次明显的回调，只要股价在均线处再次获得支撑，投资者加仓买入股票都是没有问题的。当然股价的下跌幅度不应过大，持续下跌时间不应过长，这样才不至于破坏股价上涨的趋势。

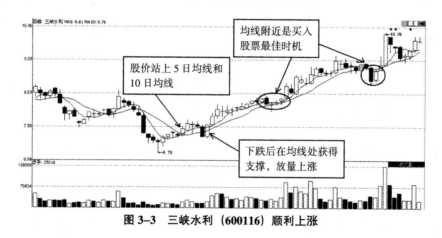

图 3-3 三峡水利 (600116) 顺利上涨

2. 中期均线支撑作用

中期均线的支撑作用对于股价上涨是十分有效的。尤其对于确定稍微较大的上升趋势，投资者应该重点关注中期均线的变化。能够上涨的股票其股价都是在获得中期均线的支撑作用后才开始飙涨的；相反，股价的反弹也大多是在中期均线的作用下开始的。中期均线中最为重要的就是 30 日均线和 60 日均线，这两条均线可以为股价的上涨提供强大的支撑。

如图 3-4 所示，在棱光实业的日 K 线中，股价下跌之后先后两次大涨至

30 日均线之上。两次的不同之处在于，第一次突破 30 日均线时，成交量并未出现放大，因此股价在图中 C 位置无果而终，又一次大幅度下跌。但是经过短暂的调整，股价在图中 D 位置再次大涨并且一举突破 30 日均线和 60 日均线，两日内成交量分别连续放大 7 倍和 5 倍。如此高的成交量对于该股来说是十分少见的，既然是放巨量突破了两条中期均线的压力，说明均线的压力作用已经不复存在了，之后股价会在均线支撑作用下止跌回升。

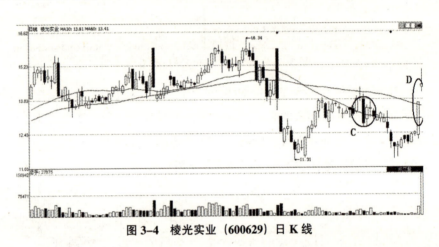

图 3-4　棱光实业（600629）日 K 线

如图 3-5 所示，在确认了 30 日和 60 日均线的支撑作用后，该股在图中 E、F、G 三个位置确认了均线的支撑作用，最后一次股票在 G 位置再一次放量涨停。从这个例子中可以看出，股价在上涨过程中，第一次是试探性的上涨，考验 30 日均线处压力大小；第二次放量大涨，一次性突破了两条均线

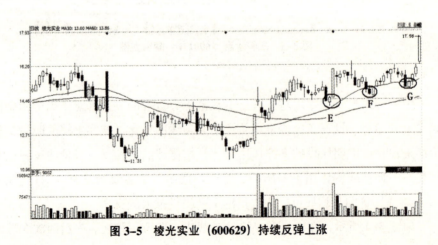

图 3-5　棱光实业（600629）持续反弹上涨

的压力；最后股价在 30 日均线和 60 日均线的共同支撑下，不断震荡上行并创出了新高。可见投资者在考察中期移动平均线的支撑效果时，一定是看股价是否有效突破并且站稳均线之上，只有这样，均线的支撑作用才会在以后显现出来。单凭一次的上涨是很难看出中期均线的支撑效果，更多的则是股价试探均线造成的压力大小。

3. 长期均线支撑作用

长期均线对股票的支撑作用最为明显，但均线的反应是比较慢的，投资者利用长期均线来买卖股票一定是很稳妥的，但也一定是保守的。股价无论是上涨还是下跌，在到达长期均线时一定会出现非常显著的变化。或者遇到阻力开始下跌，或者获得支撑继续上涨。与短期均线不同的是，股价一旦在长期均线处形成有效支撑，其上涨的空间将是非常大的。未能在股价最初反弹时入市的投资者，可以待股价在长期均线处反弹时大举建仓。当然，股价在测试长期均线有效性时，一般不会达到两次以上。一般来说，一次有效的反弹就足以说明长期均线的支撑作用了，股价在真正进入到上升趋势中时，基本上不会轻易下跌至长期均线处以寻求上涨的支撑。在股价真正跌至长期均线时，很可能意味着股价的顶部已经形成了。

如图 3-6 所示，从武汉控股的日 K 线图中可以看出，该股在由熊市转为牛市时，股价已经有了很大的涨幅，但是仍然处于 200 日均线之下。而当股价真正站稳 200 日均线之后，股价的上涨已经告一段落。投资者如果运用 200 日均线来选择买卖价位，恐怕很难买在比较低的位置。200 日均线更多

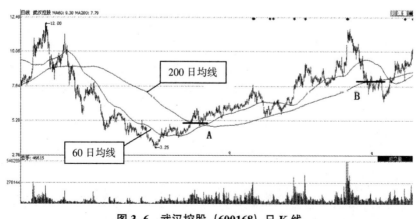

图 3-6　武汉控股（600168）日 K 线

的是作为股价上涨的长期支撑线来看待的，短期内依照 60 日均线进行买卖则是个不错的选择。

如图 3-7 所示，该图只标出了 60 日均线的位置，但已经足够说明 60 日均线作为股价上涨的支撑作用是有效果的。显然图中的 G、H、I 三个位置都明确了 60 日均线的支撑作用，投资者在这些位置上适当买入股票，获利的概率是很大的。

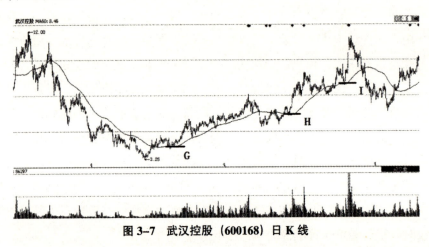

图 3-7 武汉控股（600168）日 K 线

4. 各周期均线的支撑效果

如图 3-8 所示，在大众公用的日 K 线中，股价在震荡上涨的过程中时常出现跌破 10 日均线的情况。这说明市场中经常使用的短期 10 日均线的支撑效果并不是很好的，股价的波动幅度稍微大一些，都有可能跌破 10 日均线

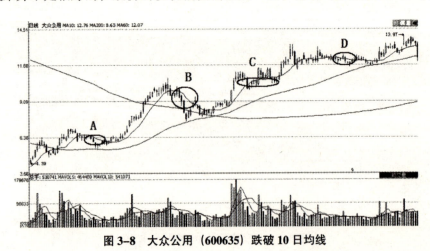

图 3-8 大众公用（600635）跌破 10 日均线

支撑。因此，投资者在使用 10 日均线来选择买卖点位时，应该非常谨慎才行，否则将会遭受很大的损失。

如图 3-9 所示，在大众公用的日 K 线中，股价在见顶 13.97 元/股之后大幅度下挫，并且一度跌破了 60 日均线，但最终还是出现了横盘整理的反弹走势。从图中长达 10 天的反弹情况可以看出，60 日均线的支撑作用要比短期的 10 日均线强大得多。图中显示的持续 10 日的横盘整理就是 60 日均线支撑效果的表现。投资者在实盘操作股票时，即使股价处于下跌的趋势中，也不必恐慌。在股价跌至 60 日均线的支撑位置并开始反弹时，投资者进行建仓也是不晚的。

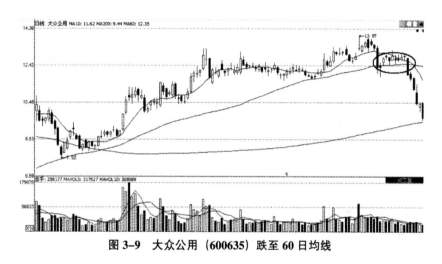

图 3-9　大众公用（600635）跌至 60 日均线

如图 3-10 所示，大众公用再次放量下跌至 200 日均线附近，此刻，200 日均线开始显示出强大的支撑作用。股价接触至 200 日均线处，就立即反弹至前期的高位附近。在该股反弹的初期，投资者如果能够抓住买点位，则今后的盈利还是非常可观的。

200 日均线对于股价长期走势的影响非常大，如果股价不是真正进入到拐点当中，跌破是非常难的。很多时候，投资者都可以借助 200 日均线的支撑作用大举建仓，获得短线利润。

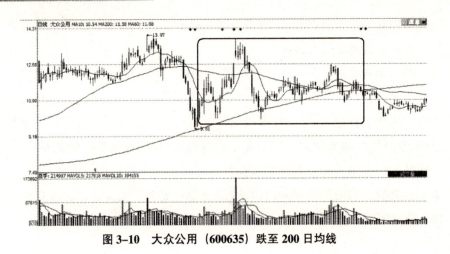

图 3-10　大众公用（600635）跌至 200 日均线

第二节　考察压力的大小

一、均线压力判断

判断移动平均线能否对股价上涨造成巨大的压力，首先要看均线的周期。短周期、中周期、长周期的均线造成的压力相差很大。其次是投资者可以借助成交量的密集程度来判断。最后要看股价在反弹到均线后折回的次数，股价在均线下方反复折回说明压力作用比较大。

1. 不同周期均线构成的压力

判断移动平均线的压力大小，首先，要选择好均线的周期，对于不同周期的均线，股价面临的压力大小是不同的。其次，短期均线对股价造成的压力很小，对应持续的时间也比较短暂。最后，中长期均线是影响股价运行的重要因素之一，特别是在熊市当中，股价必须有效突破并且站稳中长期均线，上升的趋势才能够持续下去。

如图 3-11 所示，从弘业股份的日 K 线中可以看出该股在 2007 年牛市见顶之后的走势。股价在相继跌破 10 日均线、60 日均线和 120 日均线之后，首次回调时一举突破了 10 日均线的压力。而股价刚刚碰触到 60 日均线与

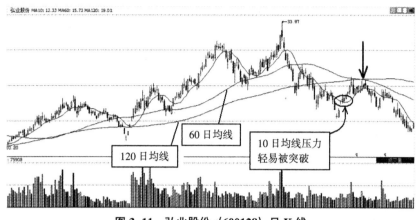

图 3-11 弘业股份（600128）日 K 线

120 日均线就开始转为下跌，由此可见 10 日均线的压力作用要比中长期均线的压力作用小得多。

如图 3-12 所示，弘业股份在 60 日均线和 120 日均线的共同作用下开始快速下跌。在下跌途中，股价反弹的力度非常小，只是在某些交易日里小幅靠近并突破 60 日均线，距离 120 日均线还远得很。这说明 60 日均线可以使股价维持下跌趋势，120 日均线在小反弹中是绝不可能被突破的。

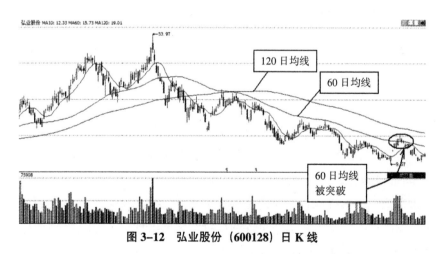

图 3-12 弘业股份（600128）日 K 线

如图 3-13 所示，在弘业股份的日 K 线图中，股价突破 60 日均线无果而终，在横盘后不久再次挑战 60 日均线处的阻力。这一次继续放量一举突破 60 日均线，并且站在了 120 日均线的上方。至此，股价在长达一年的下跌过

图 3-13 弘业股份（600128）后续 K 线走势

程中，终于先后突破了 60 日均线和 120 日均线，从而进入牛市中。

总体来说，股价在下跌过程中，120 日移动平均线给股价上涨带来了巨大的压力，中期的压力是 60 日均线。只要成交量不出现非常显著的放大，股价的上涨就是一句空话，均线的压力在股价不断下跌中得到确认。

2. 不同成交量对应的均线压力

除了可以通过均线周期来判断均线压力之外，还可以借助成交量来判断均线压力。往往在成交量密集的地区，股价被真正突破之后，回抽时面临的压力是比较大的。道理很简单：在成交量密集区域，股票的换手比较充分，散户的持仓成本也相对集中一些。当股价顺利突破成本密集区域时，肯定有很多的投资者没有来得及止损，一旦股价反弹到下跌的初始位置，散户们就纷纷止损出局，造成股价的再一次下跌。

如图 3-14 所示，在空港股份的日 K 线中，该股在下跌前曾连续放量大涨。在大涨的过程中，主力在高位完成了筹码的换手，之后股价轻而易举地跌破了 30 日均线的支撑。在跌破 30 日均线之后，下跌的幅度扩大到 22%。

这个例子告诉投资者，股价在跌破中长期均线之前经过了成交量放大的过程，这时候投资者一定不能再继续持股。放量出货后，股价受到的压力是非常大的，投资者切莫轻易追涨，以防被高位套牢。

3. 股价折回次数反映的压力大小

股价超跌反弹后，在均线处被弹回的次数越多，说明股价受到的压力作用越大。在真正的熊市行情中，股价从最初的破位到一步步扩大跌幅，每一

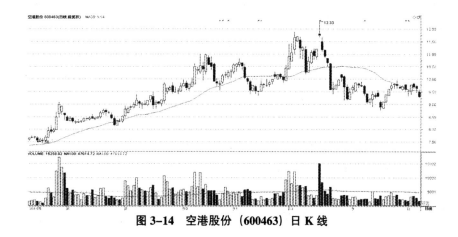

图 3-14 空港股份（600463）日 K 线

次的快速下跌都是在反弹到均线受阻后才开始的。可以说，股价下跌的过程就是均线压力不断显现的过程。

如图 3-15 所示，包钢股份在见顶回落之后，下跌过程中不断对 30 日均线压力的有效性进行确认。图中显示股价跌破 30 日均线后，第一次就确认了均线的压力是比较大的。之后每一次股价的反弹都无功而返。直到该股见底 2.08 元/股之后，才放量上涨收复失地，此时终于突破 30 日均线处的压力，止跌回升。

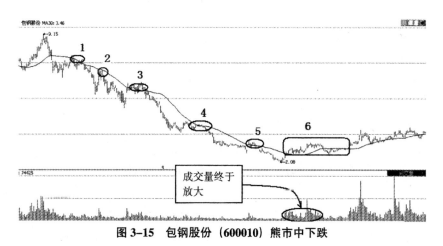

图 3-15 包钢股份（600010）熊市中下跌

二、从量能看压力突破点

怎样才是有效突破均线呢？关键的一点就是看股价突破均线时，对应的成交量的大小。很显然的是，缩量大涨即使很顺利地突破了重要均线的压力，其后的上涨潜力也是非常值得怀疑的。股价缩量突破均线，只能说明市场的惯性上涨力度比较大，并不是主力和散户主动做多推高股价。而放量上涨则是主力很明显的做多行为，主力一旦开始看多，一定会有后续的资金将股价维持在均线之上，这样的突破才是真正的突破。

只有成交量配合突破均线还是不够的，持续稳定的放量才是股价上涨的动力。股价站稳均线之后，可以缩量调整，后续的上涨还需要大量的资金投入。资金到位后，股价即使不大幅上涨也绝不容易再跌回到原位置。成交量能否真正放大，这是市场活跃程度的表现。众多的投资者都在不断地观察成交量的变化情况，持续放量也会增加投资者继续交易的信心。

如图 3-16 所示，凌云股份的下跌反弹虽然也一度接近了 30 日均线，但反弹还是昙花一现，很快股价就延续了缩量下跌的行情。之所以未能有效突破 30 日均线处的压力，成交量不能有效放大是一个很关键的因素。萎缩的成交量说明市场并不认可这样的反弹位置，股价还有一定的下跌空间。

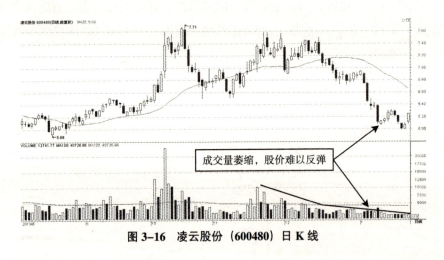

图 3-16　凌云股份（600480）日 K 线

如图 3-17 所示，凌云股份在见底后，成交量开始不断放大，股价最终顺利地突破 30 日均线的压力。股价突破均线时，A 位置对应的成交量显然要比先前反弹的量能大得多，不断放大的成交量为股价延续反弹行情提供了不竭的动力。

图 3-17 凌云股份（600480）日 K 线

第三节 决定买卖点位

利用均线来买卖股票，大致有两种交易方法：左手交易和右手交易。左手交易是指在股价的运行趋势出现之前就开始买卖股票的动作。而右手交易是指待上涨或者下跌的趋势已经形成，投资者再入市买入股票或者卖出股票。在这两种交易方法中，左手交易常见于比较激进的投资者，而右手交易则是众多保守投资者的首选方法。

在使用均线的支撑线来买入股票时，笔者还是倾向于投资者使用右手交易方法建仓。特别是在熊市之中，股价长期下跌，真正的底部是很难判断的。与其冒着被多次套牢的风险，投资者倒不如等待在股价真正见底之后再建仓，这样就可以稳赚一笔。相比套牢时的亏损，获得稳定的收益要好得多。有时候投资者认为左于交易可以抓住股价的底部，获得的收益更为丰厚。可是股价在下跌过程中有数不胜数的"底部"，究竟哪一个底部是真正的底部呢？恐怕没有人能够真正知道。

在右手交易买入股票时，判断股价是否有效突破阻力，还是要观察量能的变化。放量突破均线阻力并且确认了均线的支撑效果之后，投资者即可建仓。

一、右手交易建仓

如图 3-18 所示，北巴传媒的股价在图中 A、B、C 三个位置下跌趋势都得到了抑制，但是股价的上涨还没有真正出现，更别说有效突破 30 日均线的压力了。显然投资者若在这三个位置处买入股票，能否获得利润都是非常值得怀疑的。这种交易手法也就是左手交易法，常见于风险承受能力大的投资者。

图 3-18　北巴传媒（600386）日 K 线

如图 3-19 所示，在北巴传媒的日 K 线中，股价的真正上涨源于持续五天放量突破 30 日均线之后。股价突破 30 日均线之后，均线的压力基本上被消耗殆尽。随着股价站稳于 30 日均线之上，原来产生压力作用的均线变成了支撑作用，股价随之不断上涨。在确认 30 日均线由压力线变成支撑线之后，就是投资者买入股票的最佳时机，也就是右手交易的时刻。

如图 3-20 所示，在香梨股份的日 K 线中，股价的下跌过程并不是一蹴而就的。在经历了不断的震荡之后，股价的重心才降下来。对于下跌中的股价，投资者不去猜测具体底部在何处，而是让市场告诉投资者股价究竟会跌到哪里。这种建仓方式最大的好处就是可以避开很多的不确定性。在股价上行趋势不明朗时，不管股价如何波动都不去理睬，这才是获利的关键所在。

图中的 S 位置就是股价突破 60 日均线的位置。从图中可以很明显地看出，股价自从见顶之后，还没有出现过像样的拉升行情，这是投资者应该注

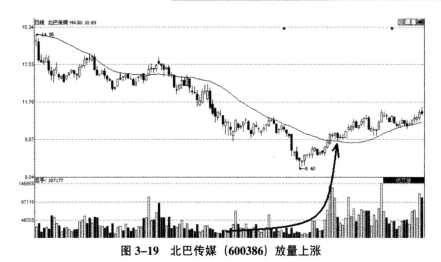

图 3-19　北巴传媒（600386）放量上涨

图 3-20　香梨股份（600506）日 K 线

意到的。既然股价在下跌过程中已经有效地突破了 60 日均线的压力，那么均线很可能就在之后的走势中变为支撑作用线，支持股价不断冲高。这样一来，右手交易就此出现了。投资者应该把握住这次建仓时机。

如图 3-21 所示，在香梨股份的日 K 线中，股价上涨的趋势自突破 60 日均线起，短时间内就从未停止过。显然，这次投资者采取右手交易策略是非常成功的。顺利获得丰厚利润的同时，持股时股价波动的幅度也没有出现非常大的变化。在今后的走势中，该股的上涨势头良好。

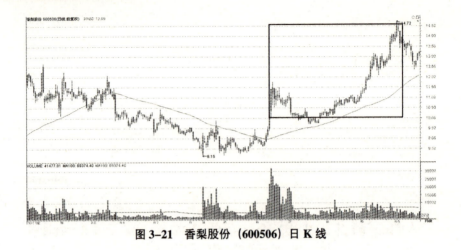

图 3-21　香梨股份（600506）日 K 线

二、右手交易出货

投资者出货也可以使用右手交易方法，之所以采取右手交易出货，是因为投资者欲判断股票的真正顶部是非常困难的。与其猜测股票的顶部价位，倒不如投资者顺着股价的变化方向，在股价跌破支撑均线之后再卖出手中的股票，这样就不至于因提前卖出股票而失去很多本应获得的利润。

如图 3-22 所示，太工天成这只股票在度过了 2008 年的熊市之后，上涨过程可谓一帆风顺。就 30 日移动平均线来看，股价只有两次短时间跌破了 30 日均线的支撑，并且下跌的幅度是非常小的。右手交易的投资者在这个时候是绝不会卖出股票的，因为股价并没有通过破位下跌来确认下跌趋势的形

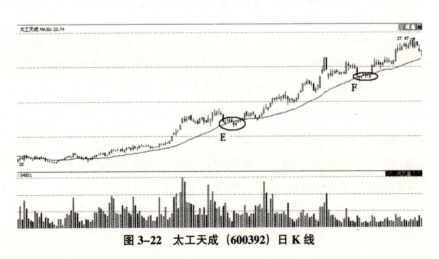

图 3-22　太工天成（600392）日 K 线

成。而左手交易的投资者可能已经在这个时候出货了。

　　如图 3-23 所示，从太工天成的日 K 线中可以看出，股价在见顶 27.47元/股之后缓慢地跌破了 30 日均线的支撑。此后股价在 30 日均线之下徘徊了六天，然后该股又开始破位下跌了。这时候投资者就可以在右手交易策略的指引下卖出手中的股票，股价第一时间破位下跌之时就是出货的时机。当然图中股价回抽的时候也不失为较好的出货机会，选择在破位之后还是回抽之时出货，就要看当时市场的状况了。进入跌势中的股票，投资者不能指望股价回调幅度太大。市场上很多个股的下跌过程往往在短时间内完成，每一日的等待都意味着大额的亏损。

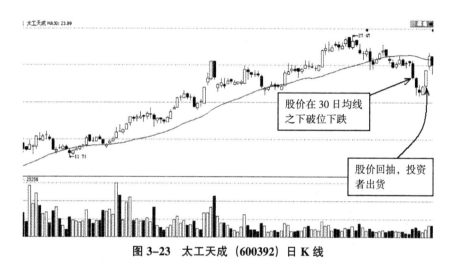

图 3-23　太工天成（600392）日 K 线

　　如图 3-24 所示，投资者选择右手交易方式在图中 H 位置出货，虽然此处不是股价上涨过程的最高点，却也是较高的价位。后期股价在震荡时再次创出新高 29.80 元/股，其实这是主力拔高出货的过程。股价创新高的动力完全是由散户追涨提供的，主力早已经偷偷出货。这样看来，投资者选择在 H位置卖出股票是十分明智的，后期的市场波动具有不确定性，关键是要保住利润，避免更大的风险。

　　如图 3-25 所示，从海岛建设的日 K 线中可以看出，在股价震荡上涨过程中，虽然不断跌至 60 日均线附近，但是没有哪一次能够顺利跌破的。这说明该均线的支撑还是有效的，股价不会轻易地跌破均线。在出现了图中四个（E、F、G、H）支撑点之后，股价开始越走越弱，最终在图中所示的位

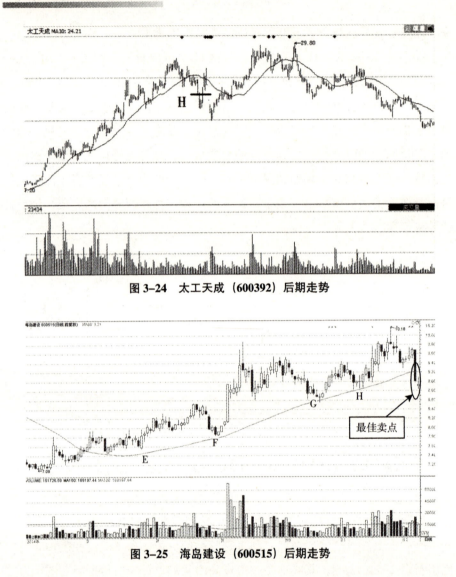

图 3-24　太工天成（600392）后期走势

图 3-25　海岛建设（600515）后期走势

置顺利跌破 60 日均线的支撑。这样，右手出货的时机就出现了，投资者出货的时机就在此时。

　　图中显示，股价在 60 日均线下方奋力挣扎，但还是没能够重新站在均线之上。投资者在股价盘整时快速出货将是最合适的出货机会，一旦股价再次破位下跌，投资者的损失将是非常巨大的。

　　如图 3-26 所示，海岛建设如预期的那样，下跌的趋势进一步得到了确认。回过头来看，股价跌破 60 日均线后的盘整期间是投资者减小损失的最后时机，今后不论何时出货，投资者都会遭受比以往更大的损失。在投资者采取右手交易策略的过程中，不仅要仔细观察突破性的走势，还要尽可能地卖在高位。下跌中的股票，在散户杀跌的作用下，损失快速增加是非常常见的情况。

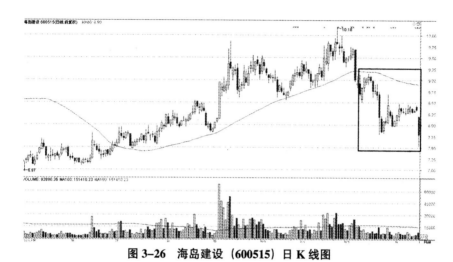

图 3-26　海岛建设（600515）日 K 线图

第四章 均线的脉冲与修复——显示股价变化速度

第一节 如何判断有效脉冲

股价突然出现放量大涨或者下跌的时候，在均线上都会表现为脉冲形态。并且随着股价上涨和下跌趋势不断被强化，均线脉冲的现象会更为显著。对于倾向于右手交易的投资者来讲，均线出现脉冲的时候恰好是买卖股票的好时机。投资者不妨仔细观察股价和均线的变化关系，以免错过了最佳的买卖时机。

那么什么样的脉冲对买卖股票有指导意义呢？笔者认为，投资者应该从以下几个方面来研判脉冲的效果。

一、成交量大小

股价涨跌情况能否持续进行，成交量发挥的作用相当大。那些可以放量3倍以上，并且可以持续放量三天以上的个股，今后股价上涨是非常有潜力的。持续放量不管是散户还是主力在加仓，都是因为看好后市才出手建仓的。急速建仓时，股价大幅度上涨，均线脉冲向上，一切买入信号都表现在图表之中，这时候股价运行趋势就确定向上了，此时投资者建仓的风险就要小得多。

如图4-1所示，从山东黄金的日K线中可以看出，该股在快速上涨之后，成交量连续三天放大了3倍以上。正是3倍的放量大涨才造就了该股脉冲向上的均线趋势。从图中可以看出，5 日均线在短短三日内就脉冲了上去，并且和 10 日均线形成了非常明显的金叉形态，这也为该股大涨创造了良好的趋势性条件。

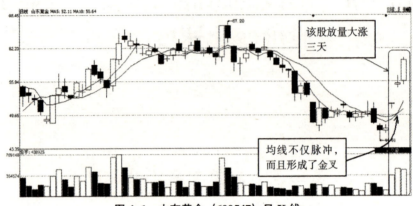

图 4-1　山东黄金（600547）日 K 线

如图 4-2 所示，山东黄金果然不负众望，从均线开始脉冲时的 60 元/股附近大幅度上涨到了 90 元/股，涨幅更是高达 55%。事实证明，能够放量大涨 3 倍以上，并且使均线短时间内脉冲而上的股票，今后股价的走势也是非常值得期待的。

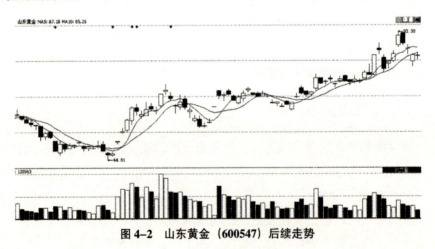

图 4-2　山东黄金（600547）后续走势

二、涨跌幅度

涨跌幅度是评价突破性脉冲均线的必要条件。只有连续放量大涨的股票，脉冲的力度才会大，股价上涨的趋势才是确定无疑的。脉冲能够作为投资者建仓的信号，是因为只有主力拉升才会出现这样大幅度上涨的情形。散户追涨推高股价的现象也经常见到，但是毕竟这种情况持续的时间不会很长。通常主力主动拉升才是股价上涨的最根本原因。

如图 4-3 所示，从金丰投资的日 K 线中可以看出，该股在上冲的过程中，股价上涨的幅度只有 6.93% 和 2.16%。虽然均线也出现了近似于脉冲的走势，但显然脉冲的力度是远远不够的，该股上涨的幅度值得怀疑。

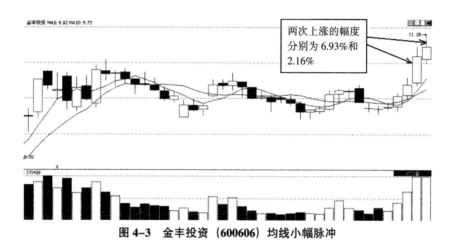

图 4-3　金丰投资（600606）均线小幅脉冲

如图 4-4 所示，在金丰投资的日 K 线中，股价在均线小幅度脉冲之后，仅仅上涨到了 12 元／股附近，涨幅不过 20% 而已，实在不能够算作牛股的走势。

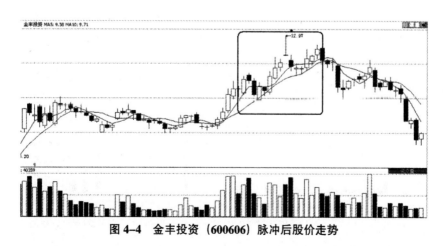

图 4-4　金丰投资（600606）脉冲后股价走势

如图 4-5 所示，从熊猫烟花的日 K 线图中可以看出，该股突破上升趋势线之后连续出现了两个涨停，大涨之后是 5 日均线、10 日均线的快速脉冲。显然该股启动时股价的涨幅要比金丰投资的涨幅大得多，强势启动中渴望成为一只强势的大牛股。

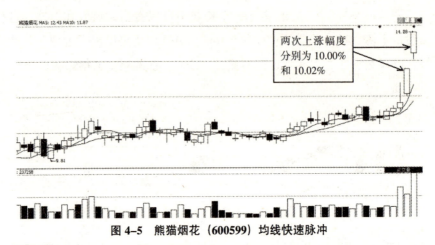

图 4-5　熊猫烟花（600599）均线快速脉冲

如图 4-6 所示，事实上熊猫烟花是当时两市当中少见的牛股，从该股启动之初强势上涨以及两条短期均线的快速脉冲中就可以看出来。若不是强势股票，如此强势脉冲均线是不会轻易出现的。由此看来，投资者选择脉冲的均线时，股价大涨的股票是相对可靠的，这样的股票今后成为牛股的可能性非常大。

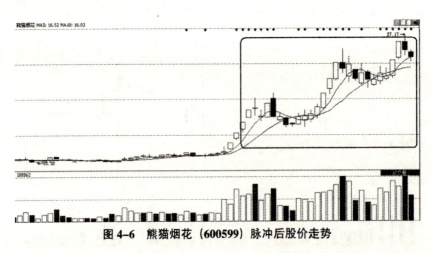

图 4-6　熊猫烟花（600599）脉冲后股价走势

三、脉冲前均线形态

有些脉冲的均线出现在股价长期整理形态结束前，主力突然放量拉升股价，使得股价能够在短时间内创新高，这种拉升具有很强的爆发性，是主力长期吸筹后控盘的结果，股价很可能因此走出持续上涨的行情。

还有一种脉冲的均线不是出现在股价整理形态即将结束时，而是出现在股价疯狂下跌之后的触底反转行情中。这时候如果成交量和股价的走势配合得比较好，并且有指数反弹作为后盾，那么股价可望走出"V"形反转的趋势。

按照一定节奏上涨的股票，于见顶之前一定会有一段上冲的过程。上冲之前股价的运行趋势是比较缓慢的，一旦连续放量大涨，均线都会随之形成非常明显的脉冲。脉冲的均线恰好为投资者提供了宝贵的补仓或者是建仓机会。投资者应该注意的是，股价进入了脉冲趋势之后，波动的幅度就开始变得非常大，提高风险意识就显得尤其重要了。

如图 4-7 所示，在老白干酒的日 K 线中，股价在经过了长时间缓慢波动上涨后，连续出现的三个涨停板使股价的上涨趋势进一步强化了。涨停板过后，均线明显地脉冲到了新高度，显然这是股价加速上涨的表现，买入这样的股票获利一定非常丰厚。

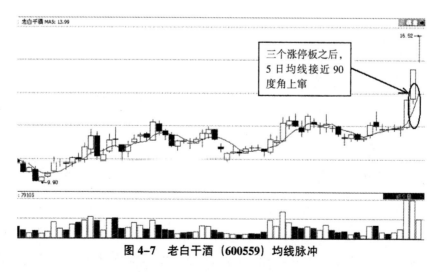

图 4-7 老白干酒（600559）均线脉冲

如图 4-8 所示，老白干酒经过连续三天的均线脉冲、股价涨停之后，强

势上攻成为该股后市的主要趋势性走势。股价从 17 元/股附近径直上涨到了
26 元/股的高位，涨幅高达 53%。

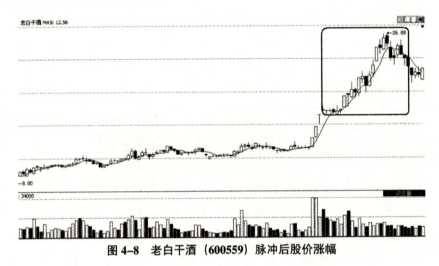

图 4-8　老白干酒（600559）脉冲后股价涨幅

　　如图 4-9 所示，动力源的上涨过程开始于股价超跌反弹的时候。连续五
天的放量上涨，使均线有效地上冲，股价的上涨幅度也超过了前期的高位。
从均线脉冲的角度来看，该股的上涨过程肯定是要延续一段时间，买入后持
股是可以获得一些短线收益的。

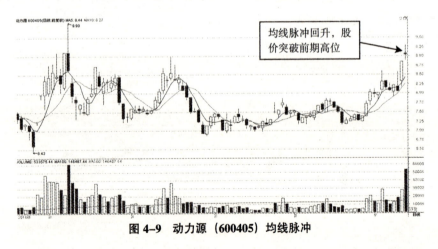

图 4-9　动力源（600405）均线脉冲

　　如图 4-10 所示，从动力源的日 K 线中可以看出，均线脉冲后股价的上
升速度不快，但是也得到了不断的延续。该股从 8 元/股左右缓慢地上涨到
12 元/股附近，上涨幅度达 50% 左右。

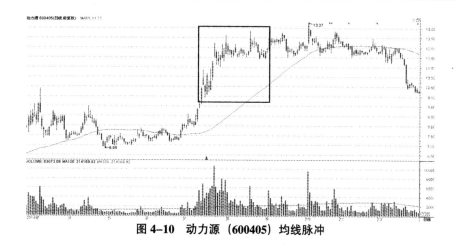

图 4-10 动力源（600405）均线脉冲

如图 4-11 所示，中国软件的上涨过程出现在该股见顶前期。长期在 5 日均线、10 日均线附近波动的中国软件，突然在缩量下跌后快速放量上冲，5 日均线在很短的时间里就脉冲到了 10 日均线的上方。该股在如此短暂的时间内用涨停的方式实现了均线的脉冲，这是投资者应该追涨的优秀股票。上涨的趋势渴望得到不断的延续，投资者可以早日追涨建仓。

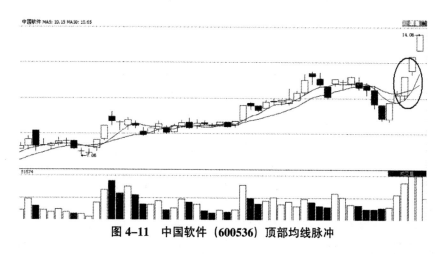

图 4-11 中国软件（600536）顶部均线脉冲

如图 4-12 所示，中国软件的上涨趋势就是开始于缩量下跌后的反弹。股价上涨前期的缩量下跌为股价进一步的上涨蓄势，均线的脉冲恰好是主力决心拉升该股的表现。最后，该股从 11 元/股附近的低价一举上冲到了 33 元/股附近，涨幅更是超过了 200%。

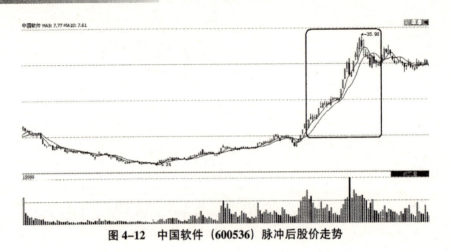

图4-12 中国软件（600536）脉冲后股价走势

四、均线脉冲的时间

股价快速上涨在很多个股中都会出现，上涨时均线出现脉冲也是常有的事情。大涨之后能够延续上升趋势的股票是投资者的首选目标。在脉冲的股票中，投资者可以选择那些持续上涨三天以上的股票，这样上涨的趋势就比较明显了。在连续上涨的股票中，投资者选择那些能以大阳线连续上冲的股票，散户也会追涨推高这种股票。

如图4-13所示，在哈药股份的日K线中，该股在长时间横盘震荡之后一跃而起。股价以中阳线的形式不断上涨，在很短的时间里，股价就脉冲到

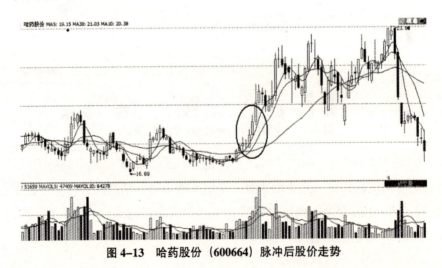

图4-13 哈药股份（600664）脉冲后股价走势

了新的高度。即便如此，该股的合计上涨幅度并不是很大。从启动之初的 17 元/股附近上涨到了 23 元/股左右，涨幅达到 35%。

如图 4-14 所示，在杭萧钢构的日 K 线中，股价从底部快速反弹，以涨停的方式不断拉升。相比哈药股份的中阳线脉冲来说，该股的涨幅又明显高了一些。从脉冲持续的时间和股价上涨的幅度来看，最初能够拉涨停的股票要更胜一筹。杭萧钢构这只股票持续上涨接近 100%，其涨幅接近哈药股份的三倍。

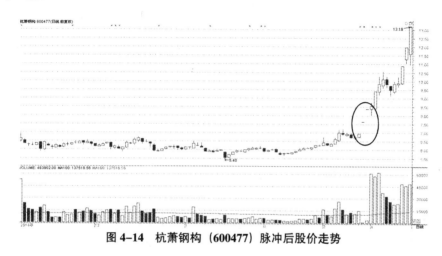

图 4-14 杭萧钢构（600477）脉冲后股价走势

第二节 脉冲后股价的运行方向

一、不可追涨的均线脉冲情形

1. 股价暴涨之后

成交量和股价配合上涨时，均线出现脉冲的信号，投资者可以在这个时候建仓。但是投资者也要尽力避免那些主力尽力出货、短线拉高的情况。利用短时间暴涨拉升手法出货的主力，在市场中还是很常见的。尤其对于股价前期涨幅过大的股票，暴涨之后主力不一定出货，但是主力若要再次大幅度拉升就会面临很大的抛售压力了。高位横盘滞涨的股票，突然在短时间内暴涨，投资者最好不要追涨。

2. 股票除权之后

与前期经历暴涨的股票相比较，有些股票在除权之后也会在横盘之中突然性地出现涨停，这样的涨停多数是主力再次出货的表现。市场向好时，除权之后的股价上涨是有可能的。而市场不好时，很多个股在除权之后，不仅不能够填权，还会出现连续下跌的现象。因此，即使除权的股票能够出现大幅上涨以及均线快速脉冲的现象，投资者买入股票也要非常小心。

3. 股价横盘之中

除了股价见顶和除权之外，长时间内横盘滞涨的股票突然出现脉冲，投资者也不能轻易买入股票。滞涨的股票在启动前，主力经常会利用短时间拉升来检验盘中的抛售压力，这时候买入股票恰好掉进主力试盘的陷阱中。

二、实例分析

1. 股价暴涨之后

如图 4-15 所示，在熊猫烟花的日 K 线中，股价下跌之后出现暴涨，均线也随之向上大幅度脉冲。图中显示的均线脉冲已经非常明显了，诱使众多投资者买入股票是确定无疑了。

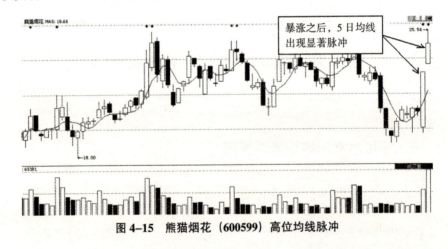

图 4-15　熊猫烟花（600599）高位均线脉冲

如图 4-16 所示，在熊猫烟花的日 K 线中，股价经过了连续暴涨之后，此股已经不再是启动之初的低价股了。大涨 200% 之后，该股开始了长时间的震荡行情。出现瞬间暴涨使均线脉冲，这显然是主力出货的诱多行为，投资者追涨必然会掉进主力设置的陷阱中。图中显示的成交量放大式的暴涨，将主力出货的事实暴露无遗。

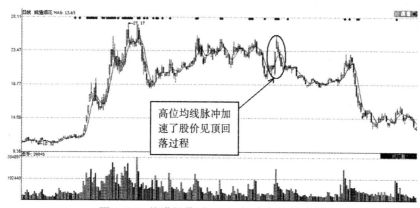

图4-16 熊猫烟花（600599）高位均线脉冲

2. 股票除权之后

如图4-17所示，从合兴包装的日K线中可以看出，该股在除权之后，曾经在一个多月的时间里处于不上不下的横盘滞涨状态。但是在2009年7月8日和9日分别以放量涨停的方式收盘。涨停之后，5日均线也出现了非常显著的脉冲现象，如果投资者以为这样的股票能够大涨填权，就大错特错了。股价实际的走势常常事与愿违，这个例子也不是例外。

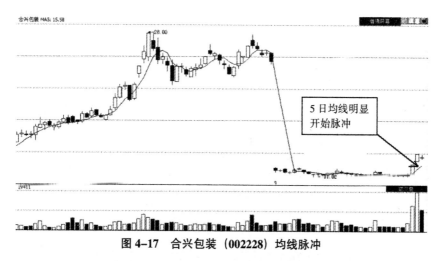

图4-17 合兴包装（002228）均线脉冲

如图4-18所示，在合兴包装的日K线中，该股在经历连续两个涨停板之后，即使均线脉冲也没有使股价延续上涨。该股在后来又持续了四个月的横盘，才有继续上涨的趋势出现。

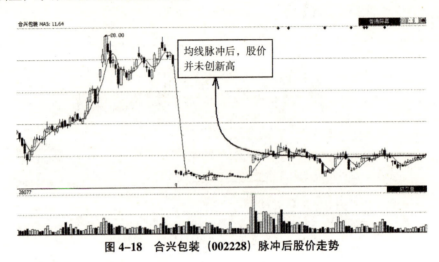

图 4-18　合兴包装（002228）脉冲后股价走势

3. 股价横盘之中

如图 4-19 所示，从航天晨光的日 K 线中可以看出，该股在横盘之中突然暴涨，同时 5 日均线也随之脉冲向上。显然，仅凭借这一次放量上涨就买入股票是比较盲目的，等待更好的时机是必然的选择。

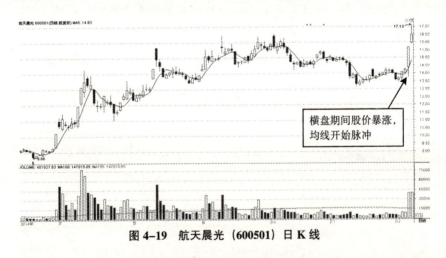

图 4-19　航天晨光（600501）日 K 线

如图 4-20 所示，航天晨光的上涨过程果然是昙花一现，股价短暂上冲之后又回落了下来。追涨的投资者一定是以套牢收场，这说明在股价盘整时，投资者还是慎重为好，均线脉冲很可能是主力洗盘和试盘的动作，能否进一步上涨还要看后市如何。

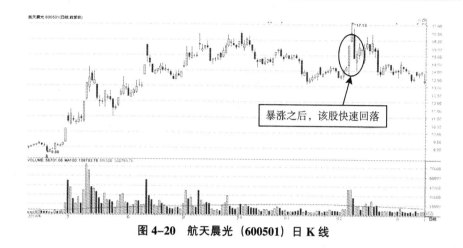

图 4-20 航天晨光（600501）日 K 线

第三节 脉冲被修复后的股价运行趋势

均线脉冲出现之后，如果股价没有按照脉冲的速度继续上涨，多数的情况是股价继续沿着原来的趋势运行：起初股价是横盘整理状态，均线脉冲之后股价还会回到原来的横盘整理状态中去；起初股价是缓慢上涨状态，均线脉冲之后股价还会回到原来的缓慢上升趋势当中继续上涨；起初股价是下跌的，均线脉冲之后股价的下跌趋势也将得到延续。

股价大涨之后，均线出现非常明显的脉冲信号。若脉冲过后，股价并未进行调整而是强势横盘或者继续上涨，这样就可以证明均线脉冲发出的买入信号是比较真实的。此时投资者追涨买入，风险会小得多。

那么，一般来说，股价能够在多大程度上来延续上涨的趋势呢？这首先要看当时股价所处的位置。股价在从启动上涨、延续上涨趋势到最后见顶过程中，牛市中期出现的均线脉冲最能够说明市场的运行趋势了。投资者如果能够把握住这一均线脉冲的机会，投资收益将是非常丰厚的。那么投资者使用什么标准来判断股价所处的位置呢？可以从以下几个方面来看，选择以下所介绍的几种脉冲股票，今后股价的上涨就是可以期待的。

一、刚刚经历熊市的股票

经过熊市的暴跌，个股的上涨幅度都会很大，投资者入市就不会有很大的风险。熊市过后，无论是从股票估值的角度来说，还是股价的绝对值上来讲都是具有很高的投资价值的。个股在熊市过后，启动上涨的速度是大不一样的，选择那些能够强势反转、均线脉冲向上的股票，其后来的连续上涨就是有保证的。事实上，牛市初期能够领先暴涨，使均线出现脉冲向上趋势的股票，可以在股市反转过程中起到龙头股的作用。投资者买入强势龙头股票，不管市场个股震荡如何剧烈，龙头股票受到的影响都是非常小的。均线脉冲就是投资者买入龙头股票的不错时机，只要股价没有出现破位下跌，买入后长线持有就会获利丰厚。

如图 4-21 所示，从九州通的日 K 线中可以看出，该股经历了漫长熊市的"洗礼"之后，上涨过程一波三折。股价上涨趋势启动之后，始终没有摆脱震荡上涨的情况。在每一次震荡的初期，5 日均线都是脉冲向上的。短时间上涨之后，股价又开始回调，修复脉冲向上的均线，这时候是投资者建仓的大好时机。只要股价脉冲向上震荡的趋势没有改变，投资者就不应该失去持股的信心。短线投资者也可以利用每一次均线脉冲回调后的机会，不断地高抛低吸，获得源源不断的短线收益，一直到股价上涨的趋势扭转为止。

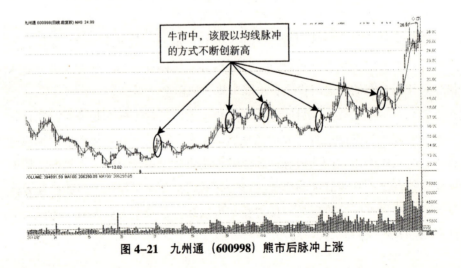

图 4-21　九州通（600998）熊市后脉冲上涨

二、股价站稳 60 日均线的股票

不同于 10 日均线和 30 日均线反映的中短期股价涨跌趋势，60 日均线可以更好地反映股价的大趋势。刚刚进入牛市的股票，如果能够站稳 60 日均线，那么可以肯定股价是强势状态了。强势运行的股票，如果能够放量上涨，同时均线开始显著脉冲，则就是投资者建仓的天赐良机。强势个股的上涨，可以将 60 日均线作为支撑，在主力资金的疯狂抢购下大幅度地上涨。如果在 60 日均线附近出现短期均线脉冲，投资者尽管买入股票，收益会在今后不断地得以兑现。

如图 4-22 所示，从广汽长丰的日 K 线图中可以看出，该股从下跌趋势中企稳后，经过短暂的整理就站稳了 60 日均线。这说明该股跟随市场的反转进入到牛市当中，股价能否顺利上涨就要看之后的表现了。

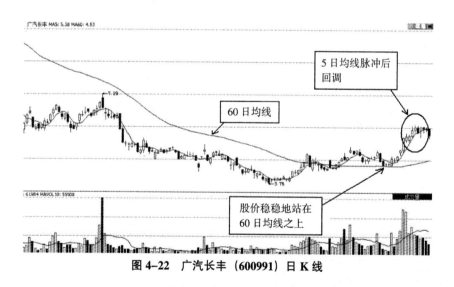

图 4-22　广汽长丰（600991）日 K 线

实际上，该股站稳 60 日均线后，上涨的趋势就已经确立了。短时间脉冲后回调的 5 日均线就说明了这个问题。股价在 60 日均线的支撑下迅速发起反攻，形成了短暂的 5 日均线脉冲回调形态。回调时成交量的萎缩恰好就说明了市场的多头趋势非常明显，该股在今后有望进一步创新高。

如图 4-23 所示，从中国铁建的日 K 线中可以看出，该股的上涨过程从 5 日均线脉冲缩量回调后就没有停止过。股价从脉冲时的 7 元/股附近径直地疯狂上涨到了 15 元以上，上涨幅度更是高达 110%，可以称得上是一只牛股了。显然，投资者选择在股价站稳 60 日均线之后、均线脉冲回调之时买入股票，就可以稳妥盈利了。

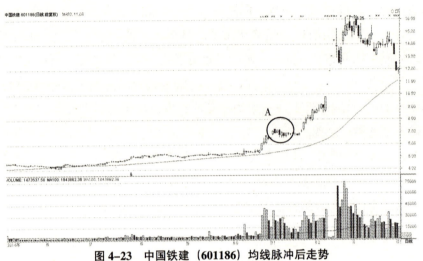

图 4-23　中国铁建（601186）均线脉冲后走势

三、没有出现暴涨的股票

在牛市当中，各种题材的股票连番被拉升是很正常的事情。牛市中基本没有不涨的股票，只是股票的上涨顺序有先有后而已。那些还没有被大幅度拉升的股票，今后就有上涨的潜力。当然，并不是说暴涨的股票就没有继续上涨的动力，其能否继续上涨就要看主力的拉升实力和散户出货的力度。如果抛售的压力不是很大，或者股价在被拉升之后经过了充分的整理，股价被重新换手，那么想要股价上涨还有一线希望。在真实的交易中，不断追涨暴涨后的股票，其风险还是很大的。与其买入追涨暴涨过后出现均线脉冲的股票，倒不如买入些没有过度上涨的股票，持股风险反而小一些。

如图 4-24 所示，从柳钢股份的日 K 线中可以看出，该股的上涨过程时间虽然比较长，但是相比其他个股而言，其上涨幅度是很小的。从 2 元/股左右上涨到 5 元/股左右，只是翻了 1 倍而已。对于这样的个股，均线在股价放量上涨后脉冲向上，回调时可以大胆地买入，因为股价还有继续上涨的空间。不仅如此，从股价的绝对值上来讲，5 元/股的价位也不是很高，后市该股还有继续上涨的空间。

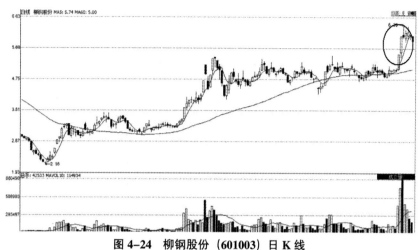

图 4-24 柳钢股份（601003）日 K 线

四、没有出现天量的股票

成交量出现天量的状况一般会有三种：主力大幅度建仓时、主力出货时、非流通股票上市之时。

建仓时放出天量，说明主力吸筹的意愿十分强烈，不计成本地建仓，其结果是股价今后上涨的空间一定是不可限量的。底部放量的股票固然是好的，但这种情况还是需要等待才会出现，毕竟主力只是在股价物有所值时才肯花费大量资金疯狂建仓。通常股市的泡沫是很大的，市场也不会总是出现那些物有所值但无人问津的股票。

成交量放出天量最有可能出现在主力出货之时。尤其是那些以连续涨停方式拉升的股票，涨停板打开之后放出天量是很常见的。天量出现的当天，股价都会有巨大的震幅。震幅扩大是主力出货而散户追涨的结果。出货之后，股价再要想上涨就需要时间来调整了。高位出货造成成交量放出天量，之后即使出现了均线脉冲的买入信号，投资者也不宜追涨。脉冲的均线只不过是主力出货后的短暂形态，之后随着股价的回落，脉冲均线就会逐渐消失。

"大小非"解禁的当天，成交量放大是很正常的。股价是否能够上涨，要看主力吸筹的程度。一般在市场情况不佳时，"大小非"解禁会成为股价下跌的元凶。主力不仅不会在"大小非"解禁的时候大量买入股票；相反，还会主动地抛售股票，造成股价萎靡不振。所以当"大小非"解禁之后，均线发出脉冲买入信号时，投资者也要坚决控制建仓的冲动。

如图 4-25 所示，在青岛海尔的日 K 线中，成交量明显出现了天量状态，并且当日股价以涨停价收盘。仔细观察天量出现的位置可以看出，恰好是在该股上涨的初期出现了如此高的成交量。显然，天量不是主力出货的行为。相反，主力利用难得一见的天量来完成建仓的过程，今后股价的上涨趋势也就比较明确。图中 E 位置出现 5 日均线脉冲后短暂的回调，这恰好是投资者建仓的好机会。脉冲的均线说明主力拉升股价的心情更为迫切，今后该股上涨的趋势也将更加明显。买入股票后，股价的上涨趋势一定会不断地延续下去。

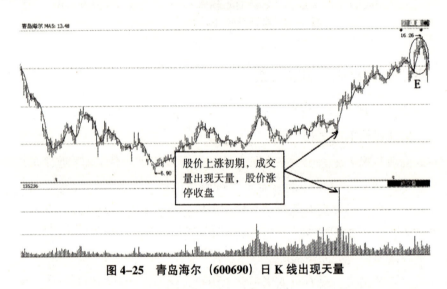

股价上涨初期，成交量出现天量，股价涨停收盘

图 4-25　青岛海尔（600690）日 K 线出现天量

如图 4-26 所示，青岛海尔出现天量之后，股价的上涨趋势果然不断地被加强，图中均线脉冲之处也是投资者建仓的绝好机会。后市中，股价从均线开始脉冲处 16 元/股附近上涨到了 26 元/股的高位，上涨幅度也高达 60% 以上。

如图 4-27 所示，在成城股份的日 K 线中，该股在 7 元/股附近成交量三次为天量状态。天量出现的当天，换手率更是高达 30% 以上。在后来该股出现两次天量后，从股价的"双顶"形态来看，显然主力利用放量的机会完成了高位出货的动作，该股上涨的趋势就此结束。

虽然图中 A 位置出现了明显的均线脉冲现象，但这绝不是投资者建仓的

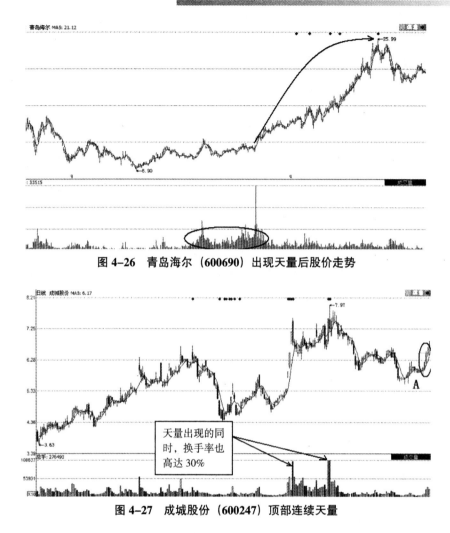

图 4-26 青岛海尔（600690）出现天量后股价走势

图 4-27 成城股份（600247）顶部连续天量

机会。该股的下跌趋势还没有结束，此处买入后投资者多数情况下会被套牢。

如图 4-28 所示，在成城股份的日 K 线中，该股图中 A 位置处脉冲的均线形态只不过是主力和一些精明的散户制造的诱多出货机会，该股的下跌趋势还没有结束，投资者此处买入一定会被套牢。

由此可见，高位出现天量的股票，在以后的运行中即使出现了均线脉冲的状态，投资者也不应该追涨，投资者如果以保住利润、避免损失为前提进行交易，就可以避免一些不必要的损失。

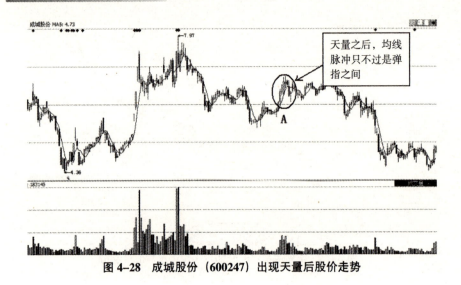

图 4-28　成城股份（600247）出现天量后股价走势

第五章　均线的切线与穿越——表明股价趋势强弱

第一节　从切线判断股票牛熊

一、均线的切线画法

股价在连续上涨或者下跌的过程中，移动平均线的指向会在股价运动趋势上不断地延伸，一直到多空方向的强弱发生互换，股价才会改变运行的轨迹。移动平均线在持续性涨跌中的指向就是均线切线的方向。

有一点值得投资者注意，移动平均线的运行方向不是一成不变的，而是随着股价上下震荡而不断地修正运行轨迹。在轨迹修复的过程中，均线的切线指向具有一定的稳定性，不会随意转变大的方向。只有均线有效地穿越了切线之后，股价的运行趋势才有转变的可能性。

在趋势非常大的熊市或者牛市当中，移动平均线切线的指向具有很强的连续性，不会随意改变运行的方向。均线真正穿越切线时就是多空方向开始转变、投资者建仓或者出货的最佳时机。

移动平均线切线的画法没有特别之处，只要切线的方向沿着均线最初运动的方向延伸即可，而不必强调非常准确地画出切线的方向。原因是股价的变化是不断进行的，均线的方向也不会一成不变，切线只要能够大体上反映股价的运行趋势就可以了。投资者使用切线是为了抓住潜在的买卖点位，而不是做出标准的切线图片。

二、牛股切线指向

在牛市当中，股价与移动平均线和均线的切线由上到下依次排列开来。只要股价不出现大的调整，上涨的势头不断地延续下去，移动平均线会始终位于均线的切线之上，而不会出现穿越的情况。当股价上涨的趋势过大，或者是指数需要调整时，股价可能会出现破位下跌的情况。而真正在股价见顶回落时，均线也会随之大幅度下挫，投资者出货的机会就出现在移动平均线由上向下穿越切线之时。

如图 5-1 所示，嘉宝集团在反弹过程中，移动平均线的切线显然是指向上方的，这就是牛市中股票切线的指向。牛市中股票的切线方向、均线的运行方向和股价的涨跌方向是一致的。牛市行情的强弱状况不同，切线对股价上涨的支撑效果也有很大的区别。投资者选择那些涨势良好的股票操作，更容易获利。主力在拉升股价的时候，只要调整的幅度不大，那么切线就始终起到支撑股价上涨的作用。投资者可以不因短时间的调整而畏首畏尾，大胆持仓才能够获得收益。

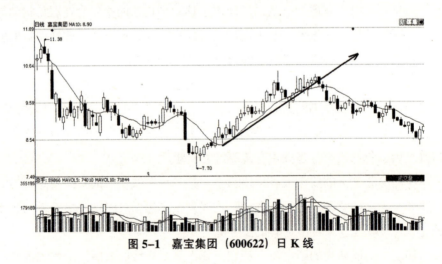

图 5-1　嘉宝集团（600622）日 K 线

三、熊股切线指向

在熊市当中，股价会始终受到移动平均线的压制而不会轻易地向上突破。移动平均线会在股价不断破位的过程中放大下跌的角度，直至股价下跌趋缓并且开始突破移动平均线向上反弹。在股价反弹的过程中，均线会不断地靠近远离的切线，并且在股价上涨的过程中顺利地穿越切线的压制，进入上升趋势当中。

如图 5-2 所示，在熊猫烟花的日 K 线中，在大阴线下跌的过程中，移动平均线也快速向下方延伸，这时图中带箭头的均线切线方向指向了下方，这就是熊股移动平均线的切线方向。这个例子也是短暂的熊市行情中股价的运行趋势。在持续时间很短的熊市当中，投资者可以密切注视均线的运行方向，一旦均线有效突破切线，就是投资者开始建仓的好时机。

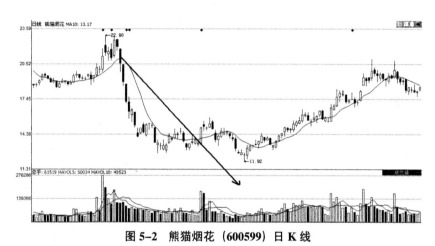

图 5-2　熊猫烟花（600599）日 K 线

第二节　均线穿越切线的买点

一、放量上涨穿越买点

成交量放大、股价快速上涨就是多头占据主动，并且大幅度拉升的最好证据。特别是在熊市过后、股价即将走牛的时候，成交量持续放量大涨是市场持续看多的表现。突破重要的主力位更需要成交量的持续放大，否则股价上升的趋势是不会得到延续的。

移动平均线从切线的下方向上穿越切线，这时候也需要股价放量大涨。

股价出现大阳线并且有效地穿越了均线和对应的切线，均线也在同一时间内穿越了切线，这才是最佳的建仓点位。即使在大涨之后出现短暂的回调，也不会对投资者今后的收益产生多么大的影响。

如图 5-3 所示，在钱江水利的日 K 线中，股价下跌过程中曾经出现过两次的放量大涨。在图中 B、D 位置的放量上涨，显然不是偶然现象。从间隔的时间来看，仅仅经过 13 个交易日，股价就又一次放量大涨。第一次突破切线之后股价继续回落，而第二次虽然出现了缩量的大阴线，但是却没有再一次地跌破切线的支撑，看来该股的反弹即将展开，投资者应该尽早建仓才是。

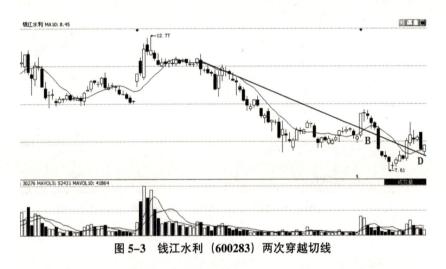

图 5-3　钱江水利（600283）两次穿越切线

如图 5-4 所示，从钱江水利的日 K 线中可以看出，在两次放量反弹突破切线之后，股价的上涨过程可以说一帆风顺地展开了。多方两次挑战空方的压制作用，使股价突破了切线的阻力，股价重心得以缓慢上移。

二、小步慢涨穿越买点

小幅度缓慢持续上涨的股票，说明股价走势非常健康，但却不一定是强庄操纵的股票。即使是缓慢上涨，也能说明牛市行情已经开始出现了，股价将不断地延续上升的趋势。拉升的幅度与主力的强弱、股票的属性是分不开的，小幅度缓慢拉升的股票并不代表上涨的趋势不够确定，只是主力拉升的力度不够大而已。

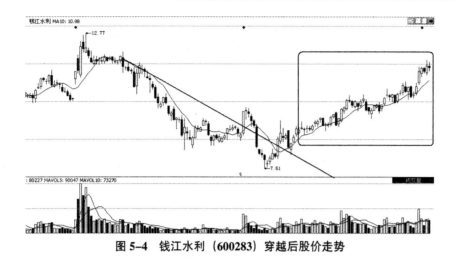

图 5-4 钱江水利 (600283) 穿越后股价走势

同样地，在股价缓慢企稳并且突破移动平均线时，均线也会从下跌的趋势中扭转过来，并且在某一时刻不经意地穿越了切线，这才是投资者建仓的好时机。

如图 5-5 所示，在游久游戏的日 K 线中，下跌趋势在缓慢地持续着。尽管如此，多方还是没有失去信心，趁机在股价再次破位下跌的底部吸纳股票。图中所标注的位置就是多方建仓的位置。该股的下跌过程比较漫长，股价上涨突破切线之后也是缓慢地进行着。虽然没有出现像样的大阳线，但是并不说明该股不会出现反弹行情。突破之后上涨的趋势还将继续持续下去，投资者要做的事情就是买入股票。

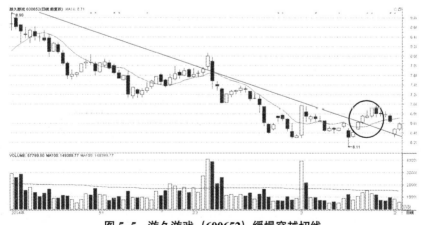

图 5-5 游久游戏 (600652) 缓慢穿越切线

如图 5-6 所示，在游久游戏的日 K 线中，股价缓慢突破了切线的阻力之后，移动平均线也从下向上穿越了切线。显然，投资者建仓的时机还是不错的。图中显示，股价的反弹过程也像下跌过程一样，虽然缓慢但是却能够始终如一地沿着趋势上行。投资者如能够稳定持股，获得的收益还是非常丰厚的。

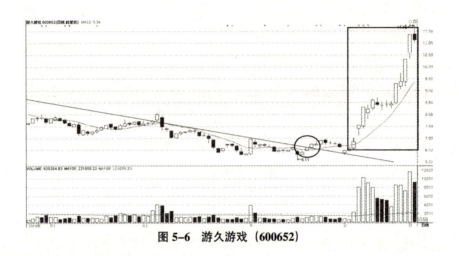

图 5-6　游久游戏（600652）

三、阳线支撑穿越买点

不同的投资者因为参照的移动平均线的周期不同，参考的支撑线不同，股价虽然出现大阳线拉升的形态，却不一定穿越了投资者心目中的"压力线"。均线有效穿越切线之前，股价很可能刚刚出现了一根放量上涨的大阳线，这是非常明显的看多信号。投资者只要在大阳线之后开始建仓，那么收益就是非常乐观的。

如图 5-7 所示，在曙光股份的日 K 线中，股价在切线之下出现了一根放量大涨的大阳线。虽然阳线的收盘价格恰好在切线之上，没有明显地突破切线的压制作用，但是股价在大阳线之后的强势横盘，说明了支撑作用还是非常有效的。

在股价横盘整理的过程中，10 日均线顺利地突破了切线的阻力而进入上升趋势当中。这时候，投资者应该大量买入股票，持股的投资者也可以开始加仓，后市看涨。

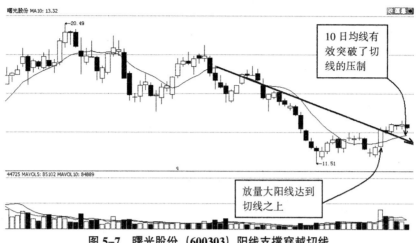

图 5-7　曙光股份（600303）阳线支撑穿越切线

如图 5-8 所示，在曙光股份的日 K 线中，股价在大阳线的支撑下顺利上涨。从图中矩形区域可以清楚地看出，该股上涨虽然不是一步到位的，但是可以称作非常强势的股票。无论投资者在哪一刻开始建仓，几乎都能够获取丰厚的投资收益。

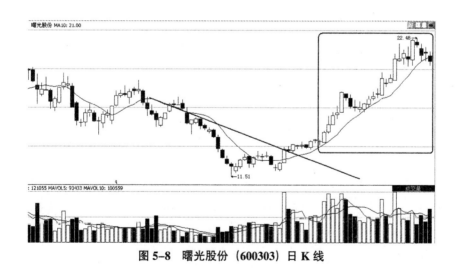

图 5-8　曙光股份（600303）日 K 线

四、连续涨停后的买点

股价转牛之后，其主力拉升的速度是大不相同的。强势主力经常采取涨停的方式拉升股价，使股价一举突破各种压力线，顺利地进入到上涨趋势当中。如果投资者能够在股价被拉升的初期就开始建仓，今后的盈利就有保障了。

以涨停方式穿越均线切线时，股价一般不会轻易出现调整的现象，即使调整也可能是以小幅拉升的方式调整。投资者应该做的事情就是，在适当的时候以尽量低的成本买入股票。真正能够快速拉升的牛股，投资者是不需要担心高位持股风险的。

有一点值得投资者注意，连续涨停之后，这些强势牛股一般都会出现强势小幅震荡的走势，而投资者恰好可以在顶部出货。牛股在连续多次涨停之后，一旦涨停板被打开，必然会吸引众多的跟风盘来吸纳筹码，这时候主力出货不会使股价出现很大的跌幅。散户也可以依照主力的做法，在拉升之后快速地完成出货的动作，这样将获得更加丰厚的利润。

如图 5-9 所示，在太行水泥的日 K 线中，股价长期处于下跌过程中，60日均线几乎与其切线处于同一个下跌的方向当中。在下跌趋势当中，股价从未显著地突破过 60 日均线的压制，更不用说突破对应的切线了。

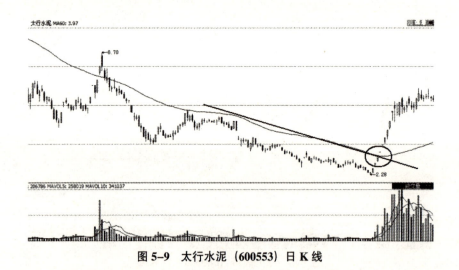

图 5-9 太行水泥（600553）日 K 线

从 2008 年 11 月 5 日开始，该股在随着指数拉升的过程中，不断地以涨停的方式快速上涨，最终以连续九个涨停板的猛烈拉升方式完成了大部分的牛市行情。细心的投资者可以从图中发现，股价虽然是以涨停方式拉升的，但却不是开盘就涨停，而是在持续高开高走的拉升下不断完成涨停的动作。显然，投资者在该股顺利突破 60 日均线和均线对应的切线时，应该在拉升过程中大胆地追高建仓，这样获得的投资收益才能实现。虽然该股连续出现了九个涨停板，但是，如果投资者不大胆追涨，收益也就在一瞬间消失殆尽了。主力是不可能等待投资者追涨买入股票之后，才去拉升股价的，这一点投资者应该明确认识。

第三节　均线穿越切线的卖点

一、放量见顶后穿越卖点

股价在见顶前放量拉升，顶部放巨量冲高回落是多数个股见顶的真实写照。在主力拉升股价到顶部时，经常采取的措施也是拉升诱多后途中大量出货，没有看清楚趋势的投资者还在不断地追涨买入股票，无意中为主力顺利出货创造了条件。在股价见顶回落过程中，移动平均线会在高位掉头向下，并且在适当的时候向下穿越对应的切线。均线穿越切线后，股价下跌的趋势会不断被强化，投资者可以选择适当的时机出货。

在一般情况下，在股价下跌的过程中都会出现短时间的反弹。反弹的原因是多方面的，看多的投资者在底部抄底买入股票，持股的投资者为了摊低持仓成本，都会使股价短时间内被拉升。反弹虽然经常发生，但是不足以改变股价的运行趋势，下跌趋势同样会持续下去。如果反弹出现在均线穿越切线，而股价跌破均线之后，那么投资者可以在这个时候再次出货，以防今后被深度套牢而失去卖出股票的时机。

如图 5-10 所示，在亚星化学的日 K 线中，股价的下跌过程是主力精心策划的。图中股价到达 8.49 元/股的高位之后，快速放量下跌显然是主力出货的表现。该股见顶前的放量是主力在大力出货，而见顶下跌时的放量就是散户慌忙当中割肉的放量。在主力完成出货之后，该股顺利地跌破了切线的支撑作用，大阴线出现之时就是投资者出货之日。

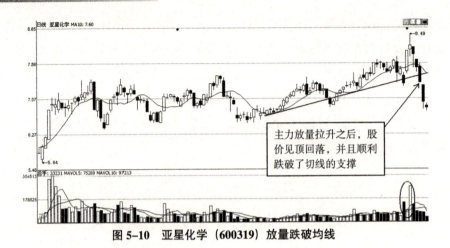

图 5-10　亚星化学（600319）放量跌破均线

　　放量拉升出货后，股价的下跌速度是非常快的，如果不能在第一时间发现并且止盈出局，散户的损失则是非常惨重的。

　　如图 5-11 所示，在亚星化学的日 K 线中，该股下跌过程持续的时间还是比较长的，跌幅也很大。该股从最高价格 8 元/股附近下跌至 5 元/股，跌幅高达 38%，即使投资者能够在底部补仓摊低持仓的成本，如果股价没有像样的涨幅，损失也不可能在短时间内减少。

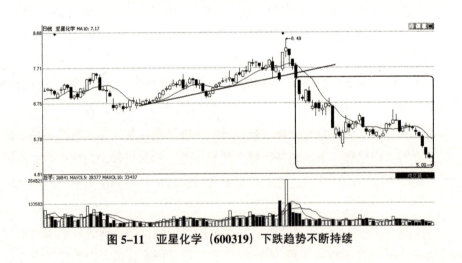

图 5-11　亚星化学（600319）下跌趋势不断持续

二、连续下跌穿越卖点

　　在牛市后期，股价见顶之后连续小幅度回落，每一次创新低都是投资者出货的好时机。连续小幅度阴跌的股票，在最后穿越支撑线之后，每一次下跌的幅度都会不断扩大。如果投资者被小幅度的阴跌迷惑，没有尽快出清手中的股票，那么一旦股价跌破了均线的支撑位置，股票的下跌空间将进一步扩大化，投资者要想在不出现亏损的情况下全身而退就不太现实了。

对付连续阴跌的股票，投资者最好是在移动平均线跌破对应的切线之后就卖出股票。移动平均线停止了拉升，这本身就说明上涨的动力十分不足，投资者应该顺着均线下跌的方向做空才是。切线是牛市中股价上涨的大方向，指引着股价不断地冲高。均线受到股价短时间涨跌的影响较大，出现回调就说明市场在逐渐走弱。股价一旦跌入均线下方，上涨的趋势就会被一举突破，投资者应该审时度势，在移动平均线的切线改变方向之前出货了结头寸。

如图 5-12 所示，在酒钢宏兴的日 K 线中，该股见顶回落时跌幅还不是很大。但是从图中可以看出，股价已经非常显著地跌破了切线。从该股以往的日 K 线走势来看，股价在见顶 10.49 元/股之后的回落显然是很不寻常的。在股价被跌破后，投资者就不能再对该股抱有幻想了，只有出货了结才是规避高位下跌风险的最佳办法。

图 5-12　酒钢宏兴（600307）跌破切线

如图 5-13 所示，在酒钢宏兴的日 K 线中，该股下跌的速度与之前上涨的速度是一样的。短时间内就跌破了切线的支撑，并且此后越走越低。主力采取这种出货方式使股价下跌，投资者只能够果断出货，不要指望股价有任何像样的反弹出现，否则只能使自己的损失不断扩大，从原来盈利的状态变为亏损状态。

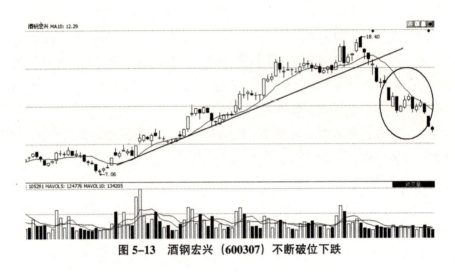

图 5-13　酒钢宏兴（600307）不断破位下跌

三、大阴线穿越卖点

大阴线在顶部出现后，意味着股价的下跌趋势将会加速进行。特别是顶部出现头肩顶、双头、矩形整理等见顶形态之后，一旦放量跌破这些形态则股价要想再次上涨到顶部所在的价位，短时间内几乎是不可能实现的。

移动平均线在大阴线出现之后，很容易从上涨趋势中跌回来。倘若在股价出现大阴线的当天，均线已经跌到了上升的切线之下，并且之后未出现像样的反弹，那么投资者基本上可以确认跌势将在一段时间内延续下去。既然下跌的趋势已经到来，投资者务必要在这个时候尽快完成出货的动作。

如图 5-14 所示，在陆家嘴的日 K 线中，图中显示的一根放量大阴线实实在在地跌破了切线的支撑。大阴线跌破切线之后的第二天，该股又一次跳空下跌。显然跌势已经是不可逆转地发生了，投资者不管如何操作都会不可避免地遭受一定的投资损失，唯一的办法就是出货或者是减仓，减少投资损失。保全了资金才能够在今后股价反弹的过程中再次盈利。如果亏损不断扩大，则投资者将不可避免地陷入亏损的恶性循环当中。

图 5-14　陆家嘴（600663）大阴线跌破切线

　　如图 5-15 所示，在陆家嘴的日 K 线中，股价下跌的动能通过大阴线得到了释放。大阴线出现之后，股价未曾出现过一次像样的反弹行情，一步步跌入了谷底。显然，顶部出现的大阴线对投资者的心理产生了巨大的压制作用，回头看看股价的历史走势，该股自从下跌开始后没有出现过一次像样的反弹，散户很难在股价小幅上涨的过程中再次追涨。投资者应该见到反弹就立即出货，以免股价一次次陷入更深的低谷中。

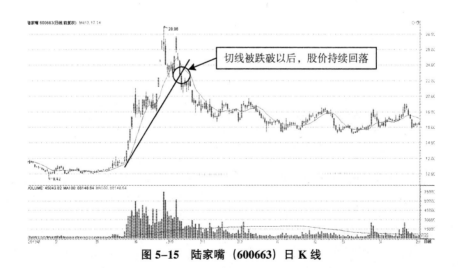

图 5-15　陆家嘴（600663）日 K 线

四、股价震荡走低的卖点

个股的股性不同，进入熊市之后的下跌方式也有很大的区别。震荡走低的下跌过程就是一种典型的反抗型下跌趋势。股价自见顶之后开始回落，不是一步到位地跌至底部，而是在下跌的途中穿插了许多的反弹行情。投资者面对这种股票时，首先不应该急于出货，要抓住股价随时出现的反弹走势。在股价反弹到压力均线之前，就要出手卖出股票，这样既避免了套牢的结局，又使自己的损失最小化，可谓一举两得。

如图 5-16 所示，从 S 上石化的日 K 线中可以非常明显地看出，该股在跌破 30 日均线的切线之后，开始震荡走低。图中的 B 位置就是股价下跌过程的开始之处。股价从图中的 B 位置跌破均线的切线后，股价每一次反弹至30 日均线处都可以作为股价见底前的最佳出货位置。如果投资者被这种震荡走低的趋势麻痹，那么损失将会非常惨重。

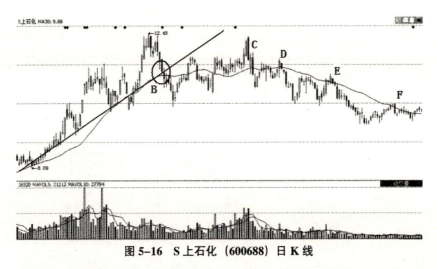

图 5-16　S 上石化（600688）日 K 线

在该图中，股价曾经反弹到了均线附近的 C、D、E、F 处，之后股价快速地下跌。在股价震荡走低的过程中，投资者不必猜测股价究竟能够下跌到何处，而只要在相应的位置上完成出货即可。下跌中的反弹并不是股价运行的主要趋势，投资者一定要清楚地认识到这一点。否则，在股价不断下跌的过程中，还要去设法抓住底部，损失一定是不小的。

如图 5-17 所示，京投银泰在顶部震荡过程中缓慢攀升，股价最终能够站在 6.78 元/股的小高位。但是"高位不胜寒"的感觉立刻"来袭"，股价随即快速跌破了 60 日均线的切线。从图中可以看出，股价起初的下跌速度是非常快的，投资者并没有时间考虑是否出货的问题。在连续破位下跌之后，股价在图中的 Q 位置出现了一次较为明显的反弹行情，这次反弹显然是投资者出货的好时机。股价在均线之处弱势震荡也说明了空方力量非常强大，股价未能放量突破均线的压制，造成了继续下跌的结果。

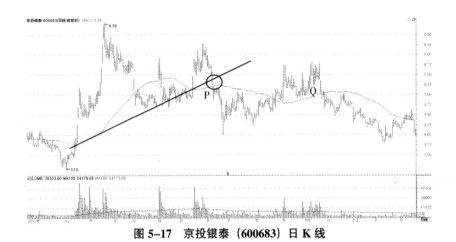

图 5-17　京投银泰（600683）日 K 线

第六章 均线的拐点与穿越——提示股价变动趋势

第一节 什么是股价的拐点

一、拐点的含义

股价涨跌的趋势有大有小，大的趋势可以持续几个月甚至一年的时间，而短期的走势会在几天或者几周内发生根本的改变。不管股价原来的运动趋势如何，投资者只要关注今后股价的涨跌方向就足矣。那么如何才能够抓住潜在的涨跌方向呢？关注股价趋势转变的拐点就显得尤为重要了。

投资者对于股市中的拐点其实并不陌生，拐点就是股价运行趋势即将转变方向的转折点。股价在超跌反弹或者见顶回落时，都会出现非常明显的下跌走向，牛熊交替的转折点就是股价运行趋势的拐点。

在股价出现拐点的时候，移动平均线的运行趋势也会得到修正。之前处于下跌趋势中的移动平均线，会在股价即将上行之时开始横向发展直至进入上升趋势。之前处于上涨趋势中的移动平均线，会在股价下跌的过程中逐渐走平，直至不断向下延伸。这样一来，移动平均线从前期趋势中横向发展的时候，也就是股价即将转变方向的拐点。既然投资者已经知道了移动平均线拐点的存在，那么试图找到拐点并且制定相应的投资策略就成为投资者投资成功的关键。在上涨的趋势中，在股价见顶回落的拐点处出售股票，是减少投资风险的有力保障。而在下跌趋势中，在拐点出现之后开始买入廉价的筹码，就是今后获得丰厚投资回报的保证。只有在准确的拐点处买入或者抛售股票，才能够使投资者真正享受到盈利的快乐，远离投资损失。

二、拐点出现的时间

拐点虽然对股价的涨跌至关重要，但要想找到拐点是非常难的事情。因为股价的走势反映在移动平均线上，这是事后的事情，而能否抓住真正的拐点还是未知数。事实上，股价的真正拐点是不会轻易出现的，投资者判断股价的拐点能否真正到来，可以从以下几个方面来观察：

1. 指数连续涨跌时间

指数连续上涨或者是下跌的时间长短，直接影响股价今后反弹或者是反转趋势的大小。中长期下跌中的指数，在开始反弹时，其反弹过程至少也会成为中期的反弹，反弹上涨的幅度是不可估量的。投资者选择在指数持续半年以上的趋势后，在指数反转时进行相反的操作，趋势判断的正确性就非常高。

2. 市场总体的估值

股票市场总体的估值水平是股价能否上涨的决定因素之一。如果市场中个股估值普遍偏低，那么股价上涨是毫无疑问的事情。即使指数仍然处于跌势当中，一旦成交量放大，移动平均线形成有效的拐点，那么个股也会一跃而上创出新高。考察市场中个股的总体估值水平，可以简单地通过指数平均市盈率的大小加以判断。如果市场的平均市盈率在 20 倍以下，股价今后上涨的潜力都是非常大的。而如果整体市盈率高达 40~50 倍，股票的估值泡沫就比较大了，投资者势必应该在股价出现拐点时适时完成出货的动作，这样才能够避免投资风险。上证股票总体的市盈率水平，投资者可以通过登录上海证券交易所网站进行查询。

3. 相关政策变化

国内股票市场被投资者公认为政策市场，对股市的相关政策变化，投资者都会做出相应的反应。虽然股票的中长期走势不会因为政策的影响而改变大的方向，但短期内对投资者心理的影响是非常巨大的，往往政策的出台会影响股价短期的涨跌变化，使指数在短期内出现大涨大落的现象。从影响程度上看，股票交易印花税率的调整是一个影响股价变化非常大的因素。历史上在印花税率调整之后，股价都会出现短时间的拐点，在短短的几天当中，指数出现显著的暴涨暴跌现象。

第二节　寻找真正的拐点

一、看多拐点信号

股价在跌势反弹的过程中，移动平均线会随着股价上涨而不断地创出新高。投资者虽然不知道股价真正的拐点在何处，但是通过分析多条移动平均线的变化，就会清楚地发现潜在的转折点，从而为建仓做好准备。

均线看多拐点可以有短期均线拐点、中期均线拐点和长期均线拐点。不同周期移动平均线的拐点出现时机是不一样的，出现的次数也有很大差别。短期移动平均线会在股价波动的过程中频繁地出现拐点，而拐点之后，股价涨跌幅度一般不会太大，持续时间也较短暂。而中长期移动平均线的拐点就比较少见了，拐点作为股价运行趋势变化的信号是比较可信的。

投资者在分析股价出现的拐点时，不同周期的均线有不同的分析方法。

1. 短期移动平均线的看多拐点

短期移动平均线的看多信号，主要来自于移动平均线的走势变化。通过分析股价穿越移动平均线的情况、两条移动平均线的相对位置，投资者就可以顺利地发现股价运行的真正拐点了。

第一，股价穿越移动平均线。

股价穿越短期移动平均线的力度大小最能够说明趋势的强弱了。最为明确的上涨穿越情况就是一根放量上涨的大阳线。大阳线突破的 K 线越多，越能够说明多方的力量强大。移动平均线出现拐点时，日 K 线中出现的大阳线不仅能够吞没前边的多条 K 线，同样也会从下到上穿越短期移动平均线。穿越之后，移动平均线将从下跌的趋势逐渐变为横向运行，直到移动平均线反转向上进入真正的上涨趋势。

如图 6-1 所示，在上海梅林的日 K 线中，股价在 5 日均线的压制之下连续创新低，并且没有一点像样的反弹出现。但是，在该股创下 7.15 元/股的新低之后，出现了一根低开高走的大阳线，显然对股价的转势起到了信号的作用。接下来的一根中阳线顺利地突破了 5 日均线的压力，显然这是股价即将反转、均线出现拐点的前兆。

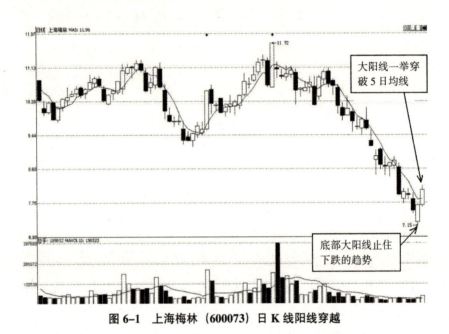

图 6-1　上海梅林（600073）日 K 线阳线穿越

如图 6-2 所示，在上海梅林的日 K 线中，股价的确在两根放量阳线之后缓慢上涨。而图中 E、F 位置出现的穿越均线的阳线，显然是均线再次出现拐点的一个征兆。与第一次出现阳线穿越 5 日均线相同的是，E、F 两处的阳线穿越均线之后，5 日均线出现了非常显著的拐点，股价在震荡过程中不断地被抬高了。

投资者如果提前意识到阳线穿越均线的意义，那么持股待涨、获得投资收益就指日可待了。均线就是在股价突破均线的阻力并且不断攀升的过程中出现了非常明显的拐点。

第二，两条均线的相对位置。

在两条短期移动平均线从横向发展到逐渐走向平滑移动，再到向上延伸的过程中，均线的相对位置会发生非常明显的变化。其中一条计算周期相对

图 6-2 上海梅林（600073）拐点出现后走势

较短的移动平均线会快速地向上延伸，而计算周期较长的一条移动平均线则会缓慢地上升。在股价真正上涨前，短期的均线会逐渐地靠近另一条长期的移动平均线，并且在某一时刻形成看多的金叉形态。两条计算周期不同的短期移动平均线一旦形成金叉形态，股价的上升趋势就进一步确定了。投资者可以在这个时候开始建仓，今后盈利的可能性将大大地增加。

如图 6-3 所示，在金健米业的日 K 线中，股价在缓慢见底的过程中，虽然移动平均线还未出现真正的拐点，但是 5 日均线与 10 日均线已经非常显著地靠近了。为何会有这种情况出现呢？其原因就是股价在震荡走高的过程中，已经突破了 5 日均线的束缚。因此，5 日均线不断地被抬高就是理所当然的事了。事实上，5 日均线与 10 日均线之间的距离不断缩短，也是拐点出现的前兆。图中 G 处出现的一根放量大阳线是股价加速上涨的征兆，也为今后股价继续拉升创造了条件。5 日均线、10 日均线形成金叉形态将指日可待，均线拐点同样会在不久的将来形成。

如图 6-4 所示，在金健米业的日 K 线中，5 日均线在大阳线穿越 10 日均线的第二天里，两条均线就形成了看多的金叉形态，均线的拐点也在此时又一次明确了。股价在放量阳线的支撑之下开始迅速上涨，价格不断被推到新的高度。

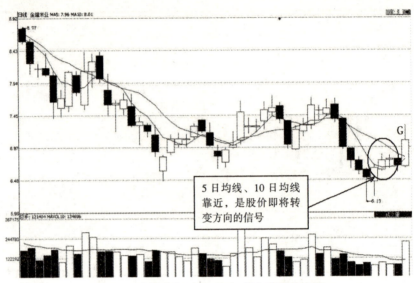

图6-3 金健米业（600127）拐点出现前走势

5日均线、10日均线靠近，是股价即将转变方向的信号

图6-4 金健米业（600127）拐点出现后走势

2. 中期移动平均线的看多拐点

投资者在判断中期移动平均线拐点时，更多地应该观察股价在前期是否长时间内延续了同一个方向的走势。例如，熊市中股价不断地创新低，甚至下跌至历史低位以下；或者是在上升的牛市之中，股价不断地创新高，超越一年之内的最高价位。在这些持续时间较长的趋势当中，股价的拐点出现在

缓慢调整之后。而股价在和中期移动平均线同方向转变的过程中，一旦有所突破，趋势被确认的可能性是非常大的。

　　投资者需要做的就是仔细观察股价的走势变化，关注股价能否站稳在中期移动平均线。如果股价能够站稳均线且不断地放量冲高，那么移动平均线也会不断地向上延伸，这对于股价今后继续上涨是非常有益的。抛开股价的下跌情况，中期移动平均线会从下跌趋势当中逐渐地走向平缓。限于计算周期较长，中期移动平均线通常不会在短时间内出现大幅拉升的现象，投资者也不能够指望在趋势确定之前就察觉出中期移动平均线已经向上延伸的信号。但还是可以用同样的方法观察中期移动平均线的拐点。观察两条计算周期不同的中期移动平均线之间的变化趋势如何。股价出现中期下跌或者反弹时，中期移动平均线会在股价反弹过程中靠近。投资者建仓的时间不一定是在金叉或者死叉出现之后，而是在均线靠近的过程中就开始逐渐增加持股数量。

　　如图 6-5 所示，在金龙汽车的日 K 线中，股价在下跌之后不断大幅震荡。震荡之后，30 日均线逐渐从下跌的趋势中转变成横向的发展态势，并且随着股价不断冲高，逐渐缩小与 60 日均线的距离。30 日均线没有进入向上延伸的趋势当中，并不能说明股价还处于下跌调整之中。只是 30 日均线的

图 6-5　金龙汽车（600686）日 K 线

变化需要的时间更长，在短时间内，只有股价站稳于 30 日均线之上并且开始拉升，均线才会从横向发展到向上延伸的趋势当中。

如图 6-6 所示，在金龙汽车的日 K 线中，股价的上升态势不断地得到了确认。股价不断站稳 30 日均线、60 日均线，主力最终又一次将股价拉升到了高位。

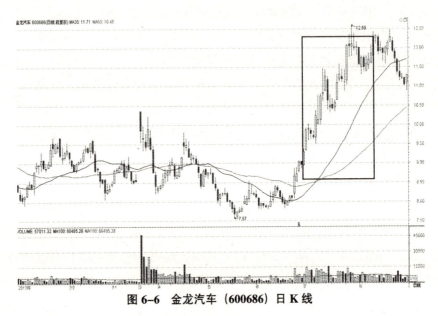

图 6-6　金龙汽车（600686）日 K 线

3. 长期移动平均线的看多拐点

应用拐点来选择建仓或者出货时机，对于长期移动平均线来说却不适用。长期移动平均线的变化非常缓慢，如果股价未能够站在移动平均线之上，长期均线是不会出现转向的，最多只能够从跌势中走平。投资者观察形成过程中的均线拐点，可以首先判断长期均线是否趋于横向发展，这是移动平均线进入上升趋势的前提之一。而判断长期移动平均线的方向是不容易的，投资者可以通过移动平均线的切线来确定方向。

如图 6-7 所示，在 ST 中房的日 K 线中，股价的下跌趋势虽然非常明显，但股价转而上涨的动作也是显著的。从 100 日均线的变化当中，虽然短时间内很难察觉到股价的拉升过程，但是投资者如果画出图中指向字母 H 的一根均线的切线，那么就不难发现均线的这种潜移默化的变化。股价与 100 日均线的距离不断缩小，并且在随着股价上涨而开始与 100 日均线的距离扩大的过程中，显然100日均线的指向已经与均线走向发生了180度的大拐弯。在这种情况出现之后，投资者建仓就有很大的把握盈利了。长期均线从下跌到横向发展，再到上涨与200日移动平均线形成金叉，这个过程就是股价被主力拉升的过程。

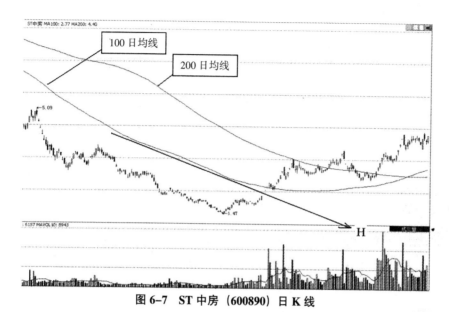

图6-7　ST中房（600890）日K线

如图6-8所示，股价在这个拉升的过程中不断地创出新高，100日均线形成拐点的过程虽然持续时间很长，但却是在不知不觉中形成的。100日均线与200日均线形成金叉，只不过在形式上验证了长期均线拐点的存在，对于投资者建仓却没有很大的可操作性。

长期移动平均线形成金叉的时间是比较长的，并且是在股价大幅度上涨之后形成的，这样一来，就很不利于投资者买入廉价筹码了。如果廉价筹码未能买到，盈利就会被大大削减。

二、看空拐点信号

1.短期移动平均线的拐点

短期移动平均线转身向下时，下跌的趋势在短期内就形成了。投资者需要关注移动平均线拐点的变化。能否在短时间内形成下跌的趋势，就要看股价的下跌程度如何。在一般情况下，股价即使出现小的跌幅，也会对短期均

图 6-8　ST 中房（600890）日 K 线

线的走势造成影响。在股价由牛市转为短期的熊市时，大幅度下挫的股价一定会使均线快速地转变趋势。掉头向下的短期均线，为投资者提供了出货的信号，使投资者的损失减小到最低。

如图 6-9 所示，在青岛啤酒的日 K 线中，股价在上涨过程中突然破位下跌到了 10 日均线附近。在股价跌破 5 日均线之后，可以清楚地看出 5 日均线已经在一天内转变了运行的趋势。这说明大跌之后，股价下跌的趋势就已经被确认了下来，投资者想要保住利润，就必须迅速出货，否则亏损将在不久之后出现。

如图 6-10 所示，随着股价转变方向之后，均线的拐点就已经形成了。从图中可以看出，该股在下跌趋势中虽然不是立刻跌到了底部，但是大的方向已经很明确地向下延伸了出去。

图中隐约可见的 5 日均线和 10 日均线形成死叉，恰好是在股价跌破了均线之后。因此，投资者在大阴线跌破 5 日均线之后出货是非常明智的选择。

如图 6-11 所示，在青岛啤酒的日 K 线中，股价在反弹之后破位下跌的现象再一次出现。与前期股价跳空跌破 5 日均线相同，这一次股价又一次跳空下跌到了 10 日均线和 5 日均线之下，显然这个时候已经成为投资者出货

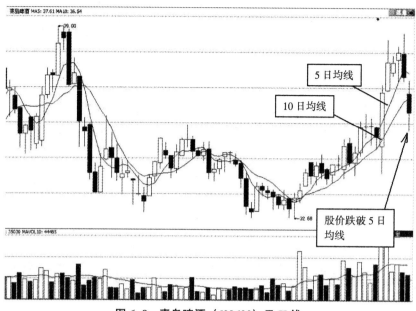

图 6-9 青岛啤酒 (600600) 日 K 线

图 6-10 青岛啤酒 (600600) 破位下跌

的最佳时机了。如果这一次投资者不立即出货，就会遭受更大的投资损失。图中股价的连续破位下跌就说明了这一问题。

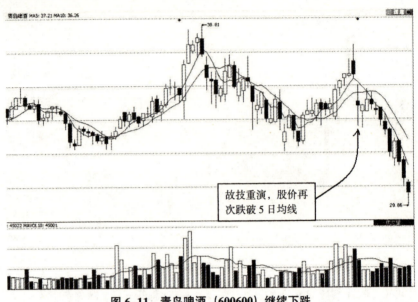

图 6-11　青岛啤酒（600600）继续下跌

2. 中期移动平均线的拐点

在股价上涨趋势出现动摇，并且开始走下坡路的时候，短期移动平均线会首先转变运行的趋势，其次是中期移动平均线。中期移动平均线的变化比较缓慢，投资者可以通过分析两根中期移动平均线之间的关系来判断股价拐点发生的位置。具体来讲，也是看两条移动平均线的距离是否在不断地缩小，更进一步地说，如果两条中期移动平均线已经形成了死叉形态，那么下跌趋势就确认无疑了。在一般情况下，中期移动平均线之间形成的死叉形态有一定说服力，投资者大可以将其作为出货的信号来看待。死叉作为出货信号就是在时间上有一些滞后，能够承受股价前期下跌过程的投资者可以参考死叉形态来完成出货的动作。

如图 6-12 所示，在光明乳业的日 K 线中，上涨之中的股价突然出现了一根非常大的阴线。显然，空方的力量在大阴线出现的前期就已经加强了。这样一来，在股价跌破了两条中期移动平均线（30 日均线、60 日均线）之后，拐点也正在形成之中了。投资者在这个时候可以减仓或者卖出手中所有的股票，只有这样做才能够避免盈利被吞噬。

如图 6-13 所示，在光明乳业的日 K 线中，股价的下跌趋势得到了进一步的延续，两条中期移动平均线也已经形成了死叉形态。显然，该股的下跌

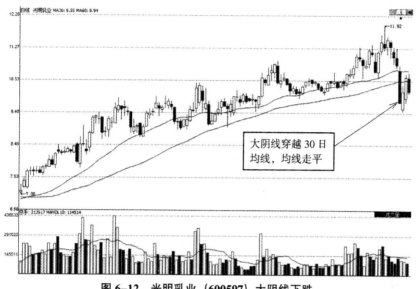

图 6-12 光明乳业（600597）大阴线下跌

图 6-13 光明乳业（600597）死叉出现

趋势已经是不可逆转的了。图中股价反弹之时，就是投资者出货的最好时机，今后该股的下跌趋势恐怕不会在短时间内结束。投资者应以清仓观望为好，以免被深度套牢。

如图 6-14 所示，从光明乳业的日 K 线中可以看出，该股果然在中期移动平均线的拐点形成后连续地创新低。前期不论是大阴线形态还是死叉形态，再或者是均线的拐点，无不提示投资者高位的持股风险。只有出货投资者才不至于在漫长的跌势中被套牢。

图 6-14　光明乳业（600597）死叉后股价走势

3. 长期移动平均线的拐点

当长期移动平均线出现拐点时，股价早已经出现了很大程度的跌幅。投资者如果使用长期移动平均线来判断股价的拐点，恐怕是很难办到的。如何才能够利用长期均线来判断均线拐点呢？或者说怎样才能发现均线的拐点呢？

投资者同样可以用均线的切线，来寻找长期移动平均线的拐点。在长期移动平均线转变方向的时候，均线会脱离切线指向的方向，而逐渐走入下跌的趋势当中，投资者只要发现这一现象，就能够抓住下跌前的卖点。

如图 6-15 所示，在刚泰控股的日 K 线中，股价在震荡过程中不断走低。虽然没有出现非常显著的破位下跌，但是从股价走势的形态上来看，已经非常难看了。既然股价走势已经大不如前，并且出现了下跌的趋势，那么投资者就应该关注股价是否有下跌的征兆。

从图中可以看出来，在 E 位置处的两条长期移动平均线（100 日均线、200 日均线）之间的距离非常大。而在图中 F 位置处的两条均线之间的距离就大为缩短。为何会出现这种现象呢？

图中 200 日均线变化很小，而 100 日均线不断向下靠近 200 日均线，显然股价下跌的趋势即将开始，两条均线将会在不久的将来形成死叉形态，这

图 6-15 刚泰控股（600687）高位震荡

是投资者不得不防范的事情。只要股价跌破 100 日均线和 200 日均线，那么死叉将会在不久之后出现，股价下跌的拐点也将成为现实。

如图 6-16 所示，在刚泰控股的日 K 线中，股价的确在两条长期移动平均线相互靠近的过程中，出现了快速破位下跌的走势。一直到股价即将见底时，两条长期移动平均线才形成了死叉形态。

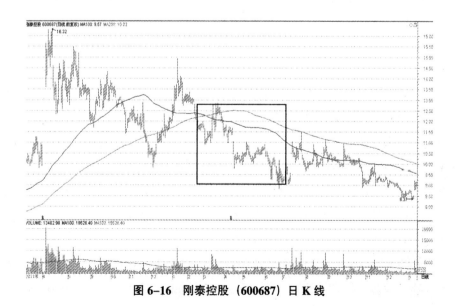

图 6-16 刚泰控股（600687）日 K 线

图中矩形区域就清楚地表明，投资者在长期均线相互靠拢的过程中出货是比较明智的。显然股价的下跌趋势不是短时间内形成的，而是主力获利丰厚之后，经过顶部震荡出货才出现的破位下跌。

第三节　股价穿越之后的买卖点

一、股价上涨穿越后的买入点

熊市将尽、牛市初涨的时候，股价的拐点也就形成了。拐点形成之后，投资者可以选择在股价顺利穿越移动平均线的时候，借机大量买入股票，这样的建仓才是比较可靠的方式。为什么这么说呢？原因就是股价涨跌方式层出不穷，究竟哪一种价格走势可以作为建仓的时机，很多时候都没有准确的答案。这样一来，投资者只有选择一些比较好的进场点位，才能减少误判的可能性，避免投资损失。

在很多时候，主力会使用各种方式来操纵某只股票的走势，即使股价出现微小的突破形态，可能也只是假突破，不足以成为投资者建仓的依据。因此，避免在假突破的情况中遭受损失，就是投资者首要关注的问题了。

如果在股价穿越之后投资者开始建仓，则其遭受损失的可能性将是非常小的。最为理想的建仓点位往往都是出现在股价顺利突破均线压制之后，且股价回调到均线之上，这样盈利的可能性才会非常大。

如图 6-17 所示，在广电电子的日 K 线中，股价有效放量突破了 30 日均线之后，在上涨至 60 日均线时遇到阻力开始回落。从成交量上看，回落时成交量出现了非常明显的萎缩状态，显然这是持股的主力和散户惜售的结果。今后股价还有很大的上涨空间，此时是投资者买入股票的好时机。

从后市股价再次放量上涨的过程来看，该股确实是在不断地创新高。众多的投资者联手做多，使该股不断地创出新高。

如图 6-18 所示，在欧亚集团的日 K 线中，股价在首次突破 100 日均线后，显然遇到了很大的阻力。但是从强势震荡的走势来看，该股的回调只是

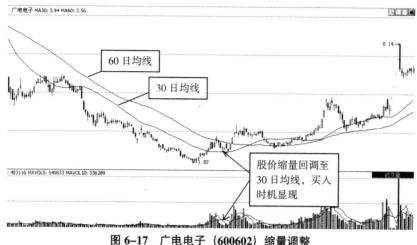

图 6-17 广电电子（600602）缩量调整

短暂的，从长期来看，上涨的趋势还是会继续延续下去的。

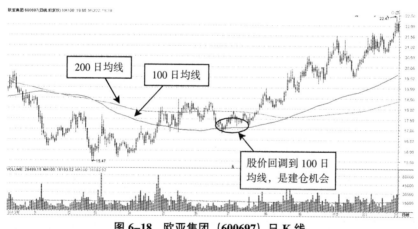

图 6-18 欧亚集团（600697）日 K 线

二、股价下跌穿越后的卖出点

在股价下跌穿越后的卖出点的选择上，也应该尽量选择在股价跌破均线之后、弱势回调至均线之时卖出手中的股票，这才是最佳的出货位置。在这里，投资者需要注意的是，股价再次反弹到均线之上的时候，该反弹一定是弱势中的反弹。如果反弹的力度太大，很可能是假突破形态。

如图 6-19 所示，在汇通能源的日 K 线中，该股在顶部弱势调整的过程中，于 13 元/股之后出现的一根大阴线一举突破了 30 日均线和 60 日均线的支撑。而股价经过了短暂的回调之后，出现了大阴线吞噬形态，显然股价的跌势已经确定无疑，出货是投资者必然的选择了。

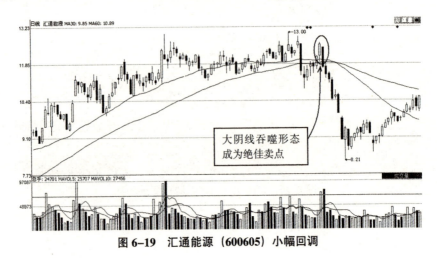

图 6-19　汇通能源（600605）小幅回调

出货的时机，应该选择在首次出现大阴线跌破了两条中期移动平均线之后，在反弹过程中完成出货的动作。大阴线下跌是股价的主要趋势，而小幅反弹回调的过程只是一部分看多的投资者在奋力挽救股价下跌的颓势罢了，跌势未改，投资者应该继续看空。

如图 6-20 所示，在 *ST 金杯的日 K 线中，股价在见顶回落到 100 日均线以下、200 日均线之上时曾经出现了短暂的反弹。即使这是一次小的反弹行情，也可以作为投资者再次出货的机会。时间不等人，如果投资者在反弹时还没有完成出货，今后在该股下跌趋势中损失的资金将会更多。

该股在反弹之前，显然是经历了一段时间的下跌，但是都没有出现任何明显的反弹走势，这说明下跌的趋势是非常明显的。对于这种持续下跌而没有反弹的个股，投资者也可以在任何位置出货，这样减少损失的效果更为明显。

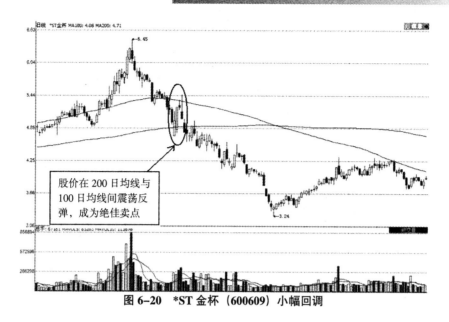

图 6-20 *ST 金杯（600609）小幅回调

第七章　均线的周期——限定股价趋势强度

第一节　短线常用均线——MA5、MA10

一、MA5 买卖要点

在短线投资中，5 日均线可以说是经常用到的指标。股价短期内的变化情况，通过分析 5 日移动平均线就可以略知一二了。投资者使用 5 日均线作为判断股价涨跌的依据，是因为 5 日均线在反映股价运行趋势方面，相比其他均线有不可多得的优势。首先，从计算周期上看，5 日均线恰好是一周股价开盘的时间，能够与股价的涨跌状况形成对比关系，有利于投资者分析股价的运行状况，抓住潜在的投资收益。5 日均线的变化虽然相比中长期均线要频繁得多，但是在股价涨跌趋势明朗时，也基本上可以反映股价的走势，能够使短线投资者抓住大部分的短线收益。从这一点来讲，5 日均线还是有很多作用的。

在实战当中，'5 日均线主要是用于判断股价的短期运行趋势。找到 5 日均线的突破点和压力位置以及支撑位置，为投资者买卖股票提供短线的投资依据，并且帮助长线投资者选择更加理想的进出场价位，以便获得更丰厚的投资回报。5 日均线具体的买卖策略有如下几点：

1. 介入 5 日均线趋势向上的股票

如果股价处于上升趋势当中，则 5 日均线会不断地上扬。投资者介入 5

日均线处于上升趋势中的股票，这样今后盈利的可能性会大大增加。无论长期的均线如何压制，5 日均线都可以提供短线股价上涨的动力，当跌破 5 日均线时，投资者再考虑出货也不迟。

如图 7-1 所示，从宁波富达的日 K 线中可以看出，该股在下跌过程中沿着 5 日均线一路走低，中途连像样的反弹调整都未曾出现过。但就是这样的一只熊股，却在股价创新低 5.47 元/股时，出现了"双针探底"形态。在底部出现探底的 K 线形态，显然说明下跌的动力已经不足了，股价再次站上 5 日均线的可能性是非常大的。一旦确认支撑有效，股价开始企稳上涨，今后该股上涨的空间就有希望被打开。

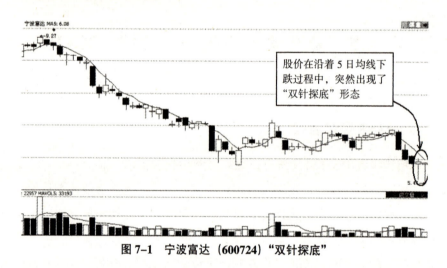

股价在沿着 5 日均线下跌过程中，突然出现了"双针探底"形态

图 7-1　宁波富达（600724）"双针探底"

如图 7-2 所示，该股在出现了"双针探底"形态之后，紧接着出现了一根中阳线，这使股价重新站在了 5 日均线之上。股价站在 5 日均线之上后，该股重心逐渐缓慢上移。虽然没有出现非常明显的拉升，但股价上涨的趋势是确认无误的。股价 5 日均线之上不断地缓慢创出新高，如果长期持有，获利也将是不错的。

2. 买入股价放量突破 5 日均线的股票

股价放量突破 5 日均线，说明短期内股价走强的可能性大大增加，投资者买入股票的时机已经出现了。如果前期股价的走势不是太坏，没有经历长期的下跌行情，或者不是处于股价的顶部，那么放量突破 5 日均线的股票还是很有建仓潜力的。

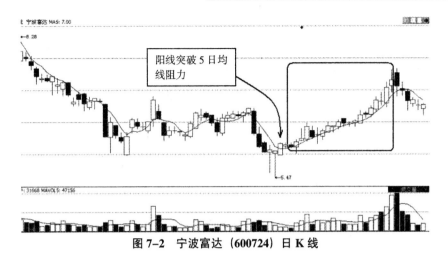

图 7-2 宁波富达（600724）日 K 线

如图 7-3 所示，在北京城乡的日 K 线中，从该股的走势上看，缩量下跌的趋势中突然出现了两根放量上涨的阳线，这样一来，该股迅速地站在了 5 日均线之上，这正是投资者买入股票的大好时机。

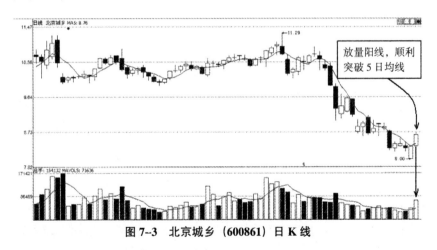

图 7-3 北京城乡（600861）日 K 线

如图 7-4 所示，北京城乡这只股票在短时间内不断上攻，放量突破 5 日均线之后，投资者在股价回调至 5 日均线附近时建仓，可以获得不错的短线收益。

3. 卖出 5 日均线转为下跌的股票

5 日均线转为下跌，说明短期股票的走势已经基本看空，即使股价在上涨，也应该在站稳均线之后，投资者才能够继续看多，否则短线恐怕很难避免亏损发生。

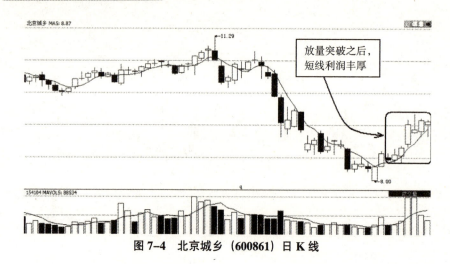

图 7-4　北京城乡（600861）日 K 线

如图 7-5 所示，在南通科技的日 K 线中，该股的一根大阴线自上而下地穿透 5 日均线。5 日均线也在瞬间翻转了下来，这时候显然是出货的好时机。短期内该股有望在 5 日均线的压力作用下进入到下降通道中来。

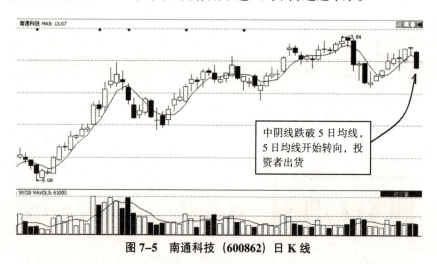

图 7-5　南通科技（600862）日 K 线

如图 7-6 所示，从南通科技的日 K 线中可以看出，大阴线出现之后，股价下跌的趋势已经基本上确定了下来。开始股价下跌的速度还不是很快，但是转眼之间就再次出现了缩量下跌的大阴线形态，股价短时间内的跌幅超乎想象。

4. 卖出运行于 5 日均线之下的股票

运行于 5 日均线之下的股票，其股价的走势是很难看的。5 日均线使股

图 7-6 南通科技（600862）日 K 线

价延续下跌的趋势，这种趋势延续的时间越长，投资者越应该坚决地卖出股票。如果只是短期的调整，股价不会超过 5 日处于 5 日均线以下的。只有在大幅震荡或者下跌的趋势中，股价才会长期处于 5 日均线以下。因此，投资者只要卖出股票，不论何时都会减小损失。深幅调整之后，股价的上涨过程一定是需要多空双方争夺一番的，5 日均线虽然不像长期均线那样难以站稳，但是也必须经历"突破—下跌—再次突破"才能够站稳。

如图 7-7 所示，在南通科技的日 K 线中，该股下跌的趋势是非常明显的。股价在 5 日均线的压力下，几乎没有出现过像样的反弹。显然，对于这种波动非常小的熊股来说，不论投资者在何时出货都不为过。只要没有像样的放量出现，股价下跌趋势就会持续下去。

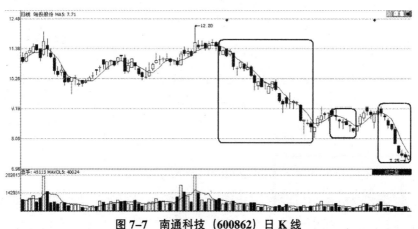

图 7-7 南通科技（600862）日 K 线

5. 5 日均线震荡整理，坚决短线操作股票

震荡中的 5 日均线说明市场趋势并不明朗，在不确定股价方向的走势中，投资者是不容易赚到钱的。不管是做多还是做空，都要以短线的姿态来操作股票，这样才能够赚足利润。在股价放量突破 5 日均线时，投资者买入股票，一直持股到股价开始掉头向下，5 日均线开始横向发展或者掉头向下时再出货。这样，在股价不断震荡的过程中，低吸高抛不断地获取短线利润是投资者盈利的最好方式。

如图 7-8 所示，在星湖科技的日 K 线中，股价上下波动相当频繁，并且没有形成一个像样的上涨趋势。针对这种股票，投资者显然不能够看得太远，进行高抛低吸的短线操作就足矣，否则会在股价波动过程中被短时间套牢。

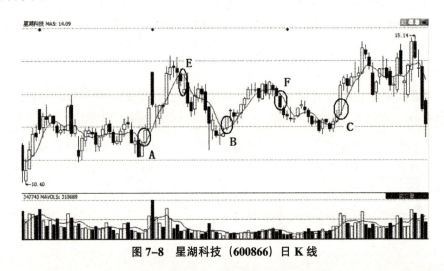

图 7-8　星湖科技（600866）日 K 线

在图中 A、B、C 处股价突破 5 日均线，投资者在这些地方建仓就能盈利了。短线就要见好就收，特别是在股价跌破 5 日均线后，更要及时地收手才是，否则股价再次跌回原位就会失去多数的利润。

二、MA10 买卖要点

10 日均线是最能够反映股价多空趋势的短期均线，多方和空方在取得主动前，必须要取得 10 日均线的控制权，否则股价很难有像样的趋势性上涨或者下跌。在市场中，真正可以显著上涨的牛股，股价无一不是站在 10 日均线之上且不断地被抬高的。可以说，投资者抓住了 10 日均线的买入机会，就已经能够在中短期内获得丰厚的投资收益了。而能够稳定控制股价于 10 日均线之上且不断拉升股价的，主力的实力也是非同小可的。

投资者应用 10 日均线来操作股票时，就要学会在股价站上 10 日均线时开始建仓，跌破 10 日均线后出货，等待股价再次站稳 10 日均线后再次建仓。如此反复做单，获取投资收益就不再是难事。

1. 买入 10 日均线发散向上的股票

在股价上涨过程中，10 日均线的走向应该是向上发散的。10 日均线既为股价上涨指明了方向，也为股价上涨提供了支撑。投资者若买入那些股价与均线同时向上的股票，则这些股票下跌的风险是非常小的。虽然股价不可能始终处于被拉升的状态，但是股价见顶回落也不是短时间内发生的。

如图 7-9 所示，在 ST 金泰的日 K 线中，该股上涨过程中的 10 日均线已经很明显地处于上升趋势中了。既然如此，投资者建仓就没有后顾之忧了。除非指数短时间内有调整的愿望，否则股价会在 10 日均线上冲的过程中继续上涨。

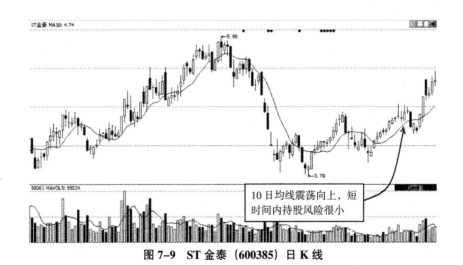

图 7-9　ST 金泰（600385）日 K 线

如图 7-10 所示，ST 金泰的日 K 线走势果然像预期的那样，走出一波不断冲高的大行情。显然，投资者买入那些 10 日均线冲高的股票，股价上涨的动力会在均线发散的过程中延续下来，直到见顶回落为止。

图 7-10　ST 金泰（600385）日 K 线

2. 买入股价放量突破 10 日均线的股票

放量突破 10 日均线之后，很多个股会出现短时间的调整行情，待到股价重新回落到 10 日均线后，主力便开始再次拉升股价。回落之时恰好是投资者低位建仓的大好时机。当然，走势特别强的个股不会出现明显的下跌，只是在高位横盘整理，待 10 日均线靠近股价之后，主力才开始进一步拉升。在个股放量突破 10 日均线时，投资者也不必等待股价再次跌破，只要股价不是假突破，买入股票后还是应该会有收益的。

如图 7-11 所示，在湖南天雁的日 K 线中，股价放量突破 10 日均线，之后出现回调，投资者买入股票的时机已经非常不错了。突破的大阳线为股价反转上涨确立了方向，而缩量回调正是为今后的上冲蓄积能量，股价上涨空

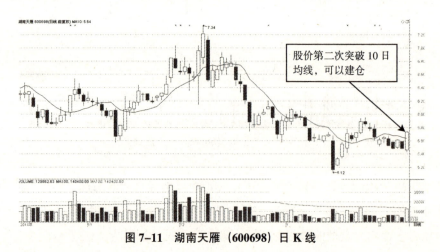

图 7-11　湖南天雁（600698）日 K 线

间由此被打开。

如图 7-12 所示，在湖南天雁的日 K 线中，股价果然再次受到了 10 日均线的支撑而放量上涨。一根大阳线确认上涨趋势，紧跟着一根阳线确认了 10 日均线的支撑作用，股价上涨的趋势自此确立了。

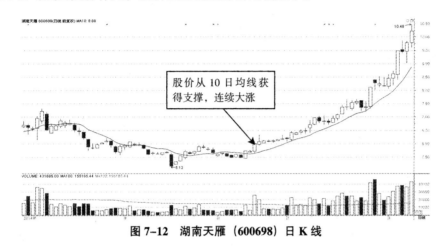

图 7-12 湖南天雁（600698）日 K 线

3. 买入 5 日均线、10 日均线形成金叉的股票

5 日均线与 10 日均线形成金叉是熊股和牛股的转换点。如果在 5 日均线穿越 10 日均线之后，两条均线同时平行向上发散，则股价的上涨趋势就被确立下来了。投资者买入这样的股票，是不容易被假突破的情形所左右的，买入股票后有望达到持续盈利的状态。采用金叉作为建仓的信号，具有单一短期均线所不具有的优势。金叉判断股票的买入信号更为直接和准确，它限制了投资者建仓的风险。

如图 7-13 所示，在动力源的日 K 线图中，5 日均线与 10 日均线形成金叉之后两条均线就开始发散上行，股价也沿着 5 日均线放量上涨。显而易见的是，股价已经顺利地进入到了多方占据优势的上升趋势当中，投资者这时候可以大举建仓了。

如图 7-14 所示，在 5 日均线与 10 日均线形成金叉之后，股价上升的趋势就已经被确立了，不断放量上涨成为股价基本的趋势。从图中可以看出，该股上涨过程中并未出现大的调整，股价一冲而上并不断创出新高。

4. 卖出 10 日均线扭转向下的股票

股价短期上涨需要 5 日均线做支撑，而 10 日均线对于股价上涨更加重

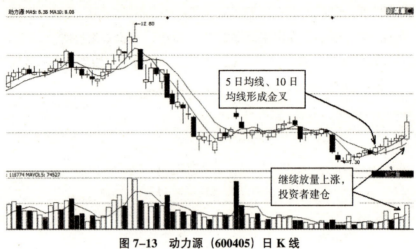

图 7-13　动力源（600405）日 K 线

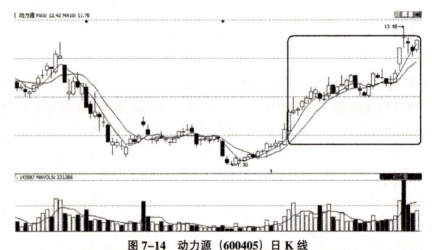

图 7-14　动力源（600405）日 K 线

要。5 日均线支撑不了时，股价就只能依靠 10 日均线支撑了。短期上涨的行情就是股价不断下跌至 5 日均线之上并获得支撑，然后延续上涨的趋势；上涨幅度过大之后，再下跌至 10 日均线以寻求新的支撑，然后再次反弹上涨。股价不断回调上涨，直到空方的力量扩大到了 10 日均线不足以支撑，股价再寻求新的中长期均线的支撑。

　　如图 7-15 所示，在安泰集团的日 K 线中，股价横盘之后出现了一根放量的大阴线，10 日均线开始扭头向下。图中 10 日均线的变化虽然还不是很大，但是拐点已经清晰可见了，均线进一步扭转方向只是需要时间来完成。

如果股价在接下来的几天中仍然处于下跌状态，投资者显然应该趁早出货，以免耽误了出货的大好时机。

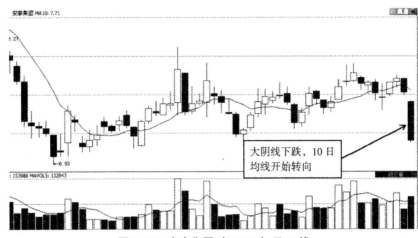

大阴线下跌，10 日均线开始转向

图 7-15　安泰集团（600408）日 K 线

如图 7-16 所示，自安泰集团日 K 线出现大阴线之后，股价在之后的五天当中连续以小阴线的形式不断下探，而 10 日均线下探的趋势更加确认无疑。这时如果投资者再不出货，则在下跌趋势中损失会不断扩大。在出现大阴线破位下跌后，股价虽然没有继续大跌，但短时间内小阴线只是为 10 日均线顺利地调整到位做出了时间上的准备而已。待 10 日均线调整并靠近股价时，10 日均线的压力也就显现出来了，股价下跌的时刻一定是发生在股价

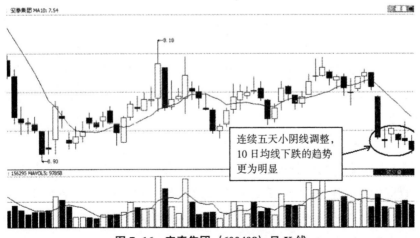

连续五天小阴线调整，10 日均线下跌的趋势更为明显

图 7-16　安泰集团（600408）日 K 线

与 10 日均线的交会处。但是，如果投资者选择在这时出货，显然为时已晚。

如图 7-17 所示，安泰集团的股价就如预想的那样，掉进了连续的下跌趋势当中，短时间内没有一点像样的反弹出现。10 日均线在股价下跌的途中起到了非常关键的压制作用。

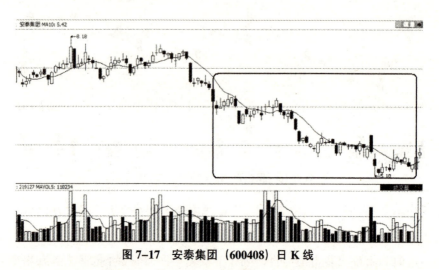

图 7-17　安泰集团（600408）日 K 线

5. 卖出 10 日均线处于下跌趋势中的股票

10 日均线相比 60 日均线更能够说明股价的短期走势。短期有一定涨幅的股票，其 10 日均线一定是向上延伸的。而在下跌趋势中，股价只有长期处于 10 日均线之下才能不断创出新低。这个时候，只要股价能够反弹到 10 日均线附近，投资者出货都是可取的。下跌趋势当中的股票，投资者千万不能指望股价突然间出现逆转行情。股价涨跌是由众多因素决定的，投资者要做的事情就是在股价开始上涨时买入股票，在股价下跌时卖出股票。处于下跌趋势中的股票，不论何时都是投资者出货的最佳时机，长时间持有股票是不明智的。

如图 7-18 所示，在均胜电子的下跌趋势中，反弹出货已经成为投资者操作股票的惯用手法。只要股价没有出现真正的反弹，那么建仓就是一句空话。投资者提前建仓只能使自己掉进亏损的深渊而不能自拔。即使出现了图中所示的反弹行情，股价上涨的时间也是不能够长久持续的，小幅上涨不足以弥补今后股价下跌所带来的亏损。

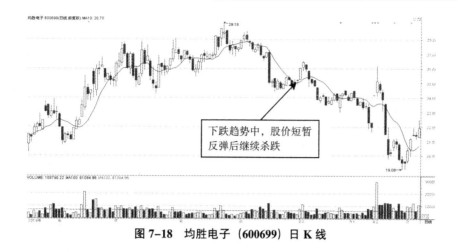

图 7-18 均胜电子（600699）日 K 线

第二节 中线常用均线——MA30、MA60

一、MA30 买卖要点

30 日均线相比短期的移动平均线，更能够反映出股价的中长期运行趋势。特别是将 30 日均线用于指数多空方向的判断，在很多时候是相当准确的。不论市场处于牛市还是熊市之中，股价真正的涨跌趋势一定是在 30 日均线上下形成的。30 日均线向上，股价上涨，多头占据主动，市场处于牛市当中；而一旦股价开始下跌，30 日均线转为下降的趋势，熊市也就在很长时间内形成了。没有初次的突破和一定时间的调整，欲使 30 日均线改变运行方向是非常困难的。

对于个股而言，30 日均线也是股价涨跌必须要攻破的一道难关。上涨趋势确立之后，30 日均线可以作为支撑，支持股价进一步上涨。中长期持股的投资者要判断股价涨跌的趋势是否有 30 日均线的配合，30 日均线若能支撑股价不断创出新高，那么多方优势就是比较强大的，股价有进一步上涨的潜力。

投资者在使用 30 日均线寻找买卖时机时，最为常用的方法是观察股价相对于均线的位置。不论股价今后的涨跌方向如何，一般两次确认 30 日均线的有效性是非常必要的。通过 30 日均线来判断股价的涨跌状况，需要投资者过滤掉无效的突破，股价真正行情通常是出现在一次突破 30 日均线、两次确认压力或支撑之后才展开的。在这一点上，投资者需要十分小心。如果方向判断错误了，投资失败的命运将是不可避免的。

　　如图 7-19 所示，从上证指数的日 K 线可以看出，指数从熊市转为牛市的初期，30 日均线的阻力被顺利突破，先后经历了图中 A、B 两次确认，指数才顺利地进入到牛市当中。可见，投资者使用 30 日均线来判断指数的运行趋势时，要做好回调的准备，全仓买入股票只会给自己造成投资损失。

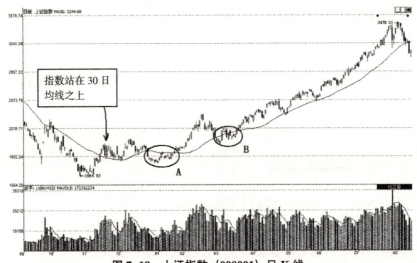

图 7-19　上证指数（000001）日 K 线

　　如图 7-20 所示，在株冶集团的日 K 线中，股价曾经穿越过 30 日均线，但是很快又跌破 30 日均线。在两次回调至 30 日均线后，均线的支撑作用才开始显现出来。而一旦 30 日均线具有了支撑股价上涨的作用，股价上涨的趋势就已经形成了。从图中可以看出，股价在震荡上行过程中，第三次回调的时候并未跌破 30 日均线，而是直接在均线之上获得了向上的支撑，继续震荡上涨的行情。

二、MA60 买卖要点

　　60 日均线与 30 日均线同属于中线投资者使用的移动平均线，但是在使

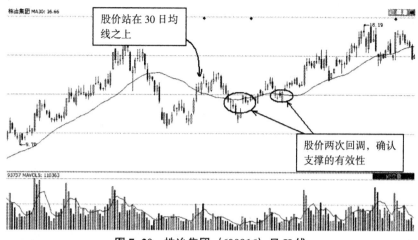

图 7-20　株冶集团（600916）日 K 线

用上却有很大的差别，在判断股价运行的趋势上也有很大的不同之处。一般来说，投资者通过 60 日均线来分析股价的涨跌状况时，相比 30 日均线要准确得多了。股价穿越 60 日均线时发出的买卖信号通常都是非常可信的。在通常情况下，股价只要一次性穿越 60 日均线，股价运行的趋势就会出现非常显著的变化，而不需要等股价再次回调后再确认趋势。

在震荡行情之中，股价运行的趋势会经常出现假突破的情况，不仅股价会在突破 30 日均线时出现假突破的情形，60 日均线也会出现同样的情况。这样，投资者在判断时还要结合成交量等其他指标来综合判断，才能正确判断股价的运行趋势。

如图 7-21 所示，同一时期的上证指数在从熊市反转到牛市过程中，指数突破 60 日均线的阻力之后，仅仅经历了一次小幅回调。相比图 7-19 中指数在两次回探 30 日均线之后才出现真正的拉升行情要快得多。因此，60 日均线对于指数的上涨具有极强的指引作用。图 7-21 中的指数在下跌途中，没有出现过一次突破 60 日均线的情况，说明 60 日均线对指数的压制作用也是相当有效的。

如图 7-22 所示，图中显示股价在两次穿越 60 日均线之后，基本上一次就确立了股价牛市行情。这对于投资者选择股票是相当有用的，它省去了中短期均线中股价不断穿越均线时投资者不停买卖股票的频繁操作，减少了股票交易的手续费。

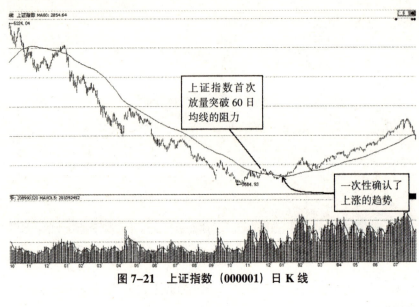

图 7-21　上证指数（000001）日 K 线

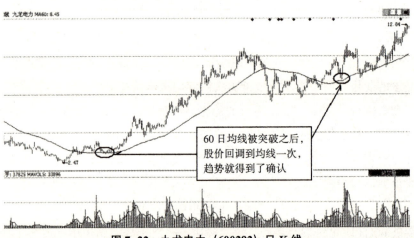

图 7-22　九龙电力（600292）日 K 线

第三节 长线常用均线——MA120、MA200

一、MA120买卖要点

120日均线也称为半年线，通常都是熊市和牛市明显的分界点。长线投资者应用120日均线来作为进出股市的依据，一般都不会有方向性的失误出现。尽管如此，投资者却鲜有应用120日均线来进行股票买卖，其原因很简单，120日均线发出买卖信号是非常难得的，一般一年都不会超过两次，这样散户大多对120日均线望而却步。真正运用120日均线买卖股票的投资者少之甚少，一旦运用120日均线，则获得的投资收益就是比较确定的。

如图7-23所示，在上证指数的日K线中，指数在2007年底的6124点见顶回落，但真正见顶回落的转折点在图中E位置跌破120日均线之后，股价才开始放量下跌。而在这之前的调整中，指数只是为进入熊市做准备。

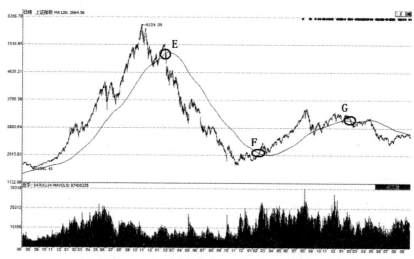

图7-23 上证指数（000001）日K线

图中F位置是指数上涨的位置，指数在下跌过程中第一次突破了120日均线的限制，顺利实现了上涨。半年线阻力虽然非常强大，但是多方的力量更是强大无比，指数在瞬间实现了逆转行情。显然投资者应该仔细关注这之后半年线的变化，在指数有所突破的时候做多，中长期持有股票以获取丰厚利润。

在图中的 G 位置跌破均线之前，股价经历了由远及近地靠近 120 日均线的过程。跌破指数之后，股价经历了三四个月的回调，指数终于顺利下跌，这就是又一次开始了熊市行情。

事实上，指数在真正突破半年线、开始新的行情之前，成交量一定是提前有所反映的。如果指数从牛市转为熊市，成交量会首先出现缩量下跌的调整行情。而如果指数从熊市转为牛市，指数也会首先放量上涨，待到突破半年线的时候，成交量一定能够稳定在放量之上。

这样，中长线投资者通过观察成交量和股价的配合，可以得出较为可信的买卖信号。在这里成交量是前提，而指数相对于半年线的变化是结果，两者结合后发出的买卖信号比较可靠。

二、MA200 买卖要点

200 日均线的计算周期比较长，对于短期股价的走势影响非常小，但是对于股价长期走势却有一定的借鉴意义。投资者应该注意的是，200 日均线相对于半年线的周期已经非常长了，对散户而言用处不是很大。200 日均线的参考意义大于实战意义。买卖个股的时候，投资者可以在股价涨跌到 200 日均线的关键价位时，仔细观察股价涨跌情况，做出相应的判断。一般情况下，在非常强势的下跌或者是上涨趋势中，一旦股价出现掉头反转的趋势，通过观察股价在 200 日均线附近的变化，投资者就会发现股价能否发生真正的扭转行情。可以说，某些时候 200 日均线可以作为鉴别股价涨跌趋势的有力武器来使用。

如图 7-24 所示，在百花村的日 K 线中，该股在长期的上升趋势中很少出现下跌调整到 200 日均线附近的情况。但是在 2015 年 1 月初，该股却跌到了 200 日均线附近，难道股票的上涨趋势就此结束了吗？从图中可以看出，股价恰好是在 200 日均线附近发生了逆转。

几乎是在几天的时间里，该股在下跌到 200 日均线附近开始迅速地反弹。最后该股显示出，在跌入 200 日均线之后，出现了"V"形反转的行情。

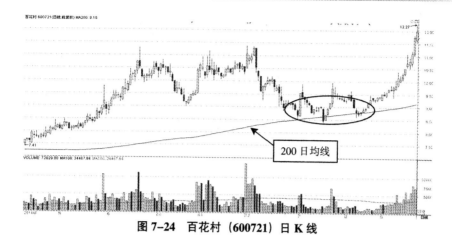

图 7-24 百花村（600721）日 K 线

如图 7-25 所示，在大西洋的日 K 线中，股价下跌过程中曾经两度快速反弹并试图靠近并且穿越 200 日均线，但是都无功而返，股价重新跌回原位置。显然，在大的下跌趋势中，股价即使出现了像样的反弹行情，投资者也是不宜追涨的。追涨之后，股价很难一次性地突破 200 日均线的强大阻力，这时候买入股票风险非常大。

图 7-25 大西洋（600558）日 K 线

第八章 葛兰威尔均线法则——均线运行的秘密

第一节 葛兰威尔均线法则简介

一、葛兰威尔均线法则

在股票的技术分析中，使用移动平均线来观察股票的运行趋势、选择股票的买卖点位，是非常重要的方法。但是很多投资者只能发现股价在均线附近不断变化位置，却未能在最佳买卖点位做出相应选择。葛兰威尔提出的八大买卖法则就顺利地解决了这一问题，投资者只要按照这一法则发出的买卖信号做出相应的选择，抄底逃顶就不再是难事了。

美国投资专家葛兰威尔的四条买入法则和四条卖出法则，贯穿于每一只股票涨跌趋势的始终，可以为投资者提供难得的建仓和出货机会，是投资者操作股票的"利器"。只要投资者仔细观察股价的涨跌变化过程，就可以发现潜在的投资机会，避开股价下跌的风险。

二、葛兰威尔均线法则内容

葛兰威尔八大法则的内容如下：

第一，在熊市的末期，股价下跌的趋势逐渐变缓，移动平均线也从下降的趋势中逐渐走向平稳并且开始向上运动。这时候股价从平均线的下方向上突破移动平均线，这成为买入的信号。如图8-1所示，标号1即为所说的买入价位。

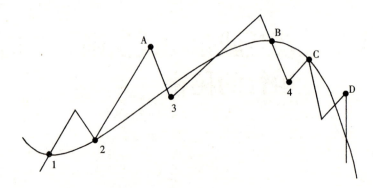

图 8-1　葛兰威尔八大买卖点位

第二，股价从下向上突破了移动平均线之后，回调的时候并没有跌破移动平均线，并且再一次地延续了上升的趋势，这是第二次的买入机会。如图 8-1 所示中标号 2 所在的位置。

第三，股价从均线获得支撑并且开始反弹后，短时间内上涨的幅度巨大，与均线之间的距离也越来越大。随着获利盘不断地兑现利润，股价在短时间内必将出现一次下跌，投资者应该暂时出货观望，这样就出现了股价进入上升趋势以来的第一次卖出信号。如图 8-1 所示中的字母 A 所在的位置。

第四，在获利盘的打压下，股价最终开始下跌，并且在下跌到均线附近时进一步地跌破了移动平均线。股价的下跌与短期移动平均线的向上形成了鲜明的对比，这是第三次买入的机会。如图 8-1 所示中标号 3 所在的买入价位。

第五，股票在买入后虽然也在上涨，但是上涨的趋势越来越缓慢，直到均线开始由上升转为水平，并且股价从均线之上向下跌破。投资者应该在此时抛售所有的股票，以免高位套牢，这是第二次出现的卖点。如图 8-1 所示中字母 B 所在的位置。

第六，股价跌破移动平均线之后，其下跌的幅度越来越大，与均线的距离也越来越远。投资者恐慌性抛售股票，股价反弹也随时都有可能发生，这个时候是很好的买入股票机会，也是股票从上涨到下跌之后的最后一次买入机会。如图 8-1 所示中标号 4 所在的位置。

第七，股价虽然出现了超跌反弹的回抽走势，但上涨的幅度并不是很大，股价也并没有真正突破均线的压制。移动平均线下跌的趋势趋缓并且股价再次远离移动平均线开始下跌之时就是投资者卖出股票的时机。如图 8-1 所示中字母 C 所在的位置。

第八，股价虽然在下跌中反弹回到了移动平均线的上方，但是移动平均线却继续向下跌去，这说明跌势还远远没有结束，投资者应该卖出手中所有的股票。如图 8-1 所示中字母 D 所在的位置。

对于葛兰威尔八大买卖法则的解释：

1. 买入价位 1

移动平均线从长期下跌的趋缓中逐渐变为平缓，说明市场的下跌趋势已经停止，虽然股价还没有开始上升，但是很可能在今后的时间里开始上涨。移动平均线的变化相比股价的涨跌要缓慢得多。均线从下跌的趋势中逐渐转为平缓地移动，或者在今后企稳上涨，那么对应的股价上涨幅度将会比移动平均线的涨幅更大一些。在股价突破均线开始上涨的时候，股价将会在均线的支撑作用下进入稳定的上升趋势。此时，投资者买入股票一定会获得丰厚的利润。

2. 买入价位 2

股价经过短时间连续上涨之后，又重新回落到了均线之上。这时候均线显然对股价有一定的支撑作用，股价在调整之后会重新回到上涨趋势当中。造成股价在第一次出现明显反弹之后就回落的原因有两个：一是前期套牢盘的解套；二是短线投资者对于后期股价上涨持有怀疑的态度，获利之后急于兑现利润，才造成了股价短期内回调至均线之上。即使股价出现短时间的回调，也不能够改变股价上涨的大趋势。股价在回调至均线时，有些投资者会因为继续看空后市而错失建仓的机会。股价回调只是为今后的再次放量大涨积聚多方力量，能够在图中的标号 2 处买入股票，并且中长期持股的投资者，今后获利　定是丰厚的。

3. 买入价位 3

股票价格跌破移动平均线之后，移动平均线的上升势头并没有就此结束。这时候的股价下跌只是因为涨幅过大，大量的获利盘回吐。即使股价跌破均线，投资者也可以借机再次买入股票。主力还会在下跌之后将股价重新拉升，投资者只需耐心持股即可获利。

4. 买入价位 4

投资者一致看空后市，导致股价出现了非常大的跌幅。但是在股价跌破移动平均线且远离移动平均线的时候，高位套牢者和试图摊低持仓成本的投资者纷纷加仓，股价虽然已经进入到下跌趋势中，但是却出现了短时间的反抽行情。股价迅速回调至均线的附近区域。面对这种不确定的反抽行情，只有经验丰富、风险控制能力强的投资者才可以抢反弹，并且不对上涨幅度抱有太大的期望。持股之后应该在股价有所反弹时，见利了结头寸，以免再次被套牢。

5. 卖出价位 A

股价真正的上涨打破了变化缓慢的股价和移动平均线的运行节奏。大幅度上涨的股价吸引了众多的投资者加入到多方大军当中，股价不断创新高，积聚的投资风险也加大了许多。正在股价上涨趋势火热延续的时候，获利丰厚的投资者中一部分人开始大量出售股票，兑现利润。其他持股的小散户也随之不断卖出股票。股价高位运行也降低了观望投资者买入股票的意愿。这样一来，股价出现大幅度的跳水行情，下跌超过了均线位置所示的价位。

6. 卖出价位 B

股价在上涨的过程中又一次地创新高，但是伴随着"高处不胜寒"的感觉，股价高位震荡上行，上涨的趋势明显呈现减弱的迹象。这时，移动平均线虽然还没有转为下跌，但是上升幅度已经大不如以前。移动平均线从陡峭的上涨趋势转变为平稳的发展态势，一定程度上来说这也是为股价见顶做最后的挣扎。股价在从上涨趋势转为下跌趋势的过程中，移动平均线的变化过程一定是高位圆弧形状的反转或者是近似于圆弧形状的反转，虽然在短期内难以看出均线的下跌趋势。一旦股价跌破移动平均线，下跌的趋势就会很快地展开。均线也会在股价下跌的引领下从水平发展转为下跌，一旦均线开始下跌，跌势一定会持续一段时间。若下跌的股价在短时间内不能反转，投资者的损失一定是很大的。所以说，在股价跌破移动平均线的时候，投资者应该尽快卖出手中的股票，以免被套牢。

7. 卖出价位 C

股价既然已经在高位跌破了移动平均线，那么下跌中的任何反弹在长期内都是无效的，而短期内可以作为投资者获取利润的机会。在获取短线利润的同时，投资者也不应该忘记其中潜在的投资风险。股价第一次破位下跌之后，每一次出现的反弹都为高位套牢的投资者创造了解套的条件，投资者应该认清下跌的大趋势，在股价反弹的时候注意投资风险。只要股价上涨到移动平均线附近，就应该尽快兑现利润，否则股价再次下跌，对投资者造成的损失将是巨大的。

值得注意的是，在股价反弹至均线的过程中，股价很可能在上涨到距离均线比较远的价位时就停止上涨，并且转为弱势小幅整理。而这时候是投资者出货的大好时机。在弱势当中，移动平均线会缓慢地向股价靠拢，而不是股价继续上涨且靠近移动平均线。所以，投资者在卖出股票时机的选择上一定要迅速而果断，避免再次套牢。

8. 卖出价位 D

移动平均线显示股价已经进入下跌趋势，既然如此，即使股价上涨，也是需要时间来消化前期下跌中套牢的压力，否则股价上涨就是一句空话，投资者即使补仓也会面临巨大的下跌风险。股价再一次地从跌势中回升，只不过是为投资套牢的散户创造进一步解套的机会罢了，当然也为主力解套创造了一次大好的机会。主力很可能还会为这一次小反弹制造一些相应的看多舆论，用来掩护其出货的动作，散户若是跟风进入股市当中，将不可避免地为主力"抬轿子"，亏损在所难免。因此，这次反弹恰好为投资者创造了出货的大好机会。认清形势，在股价反弹的时候再次出货才是正确的选择。

第二节　葛兰威尔均线法则实战

一、葛兰威尔买卖价位

1. 葛兰威尔买点 1

如图 8-2 所示，在天坛生物的周 K 线图中，该股在 2008 年熊市的下跌过程中，连一次像样的反弹行情都没有出现，股价也从未有效突破过 10 日均线。但是就在该股下跌趋势趋缓的时候，指数出现了自从下跌以来的第一次放量反弹。投资者买入股票的机会就出现在股价第一次突破 10 日均线的瞬间。这次的买入价位，也是葛兰威尔的第一次买入价位。

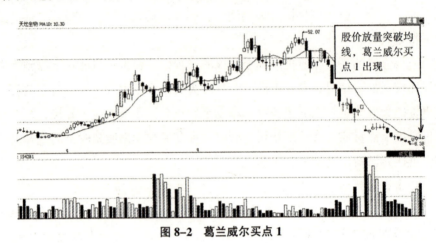

图 8-2　葛兰威尔买点 1

2. 葛兰威尔买点 2

如图 8-3 所示，葛兰威尔买点 2 在股价上涨的过程中出现了。图中显示出该股自从上涨了以来第一次出现了下跌，当股价下跌至 10 日均线附近时，出现了买入股票的最佳位置。把握住这一次的买入机会，事关投资者今后的收益大小。相信有经验的投资者一定会抓住这次股价的上涨机会，继续加仓买入股票。

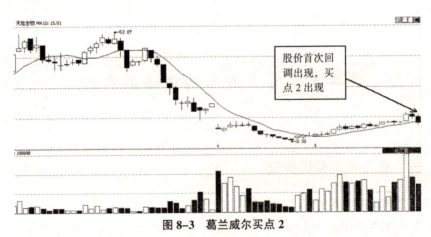

图 8-3　葛兰威尔买点 2

3. 葛兰威尔卖点A

如图8-4所示，就在股价继续大涨并且远离10日均线的时候，葛兰威尔的A卖点出现了。在出现卖点前，股价显然已经有了不小的涨幅，并且在10日均线的支撑作用下快速地上冲。为了避免股价高位下跌吞噬利润，投资者可以在此时出货或者减仓。

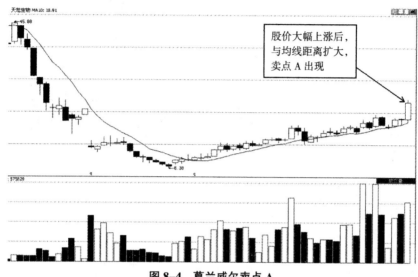

图8-4 葛兰威尔卖点A

4. 葛兰威尔买点3

如图8-5所示，葛兰威尔买点3在股价跌破均线后出现了。这次股价的下跌并不意味着该股已经进入跌势当中。总的来说，该股在上涨过程中，放量快速拉升还是很少的。如果没有太多的收益，主力就不可能在缩量中出货。因此，股价在跌破均线，这是投资者绝好的买入机会。

5. 葛兰威尔卖点B

如图8-6所示，如果股价没有下跌，均线是不可能在高位出现反转的，只有在股价跌破均线之后，均线才会明显地进入到下跌的趋势当中。投资者出货的时机就在股价跌破10日均线的时候。股价在下跌前已经有两轮大幅度的拉升，既然在第三次的拉升中失去了继续上涨的动力，跌破均线就意味着市场即将进入跌势当中，后市中，投资者应该在多数情况下看空，而谨慎看多。

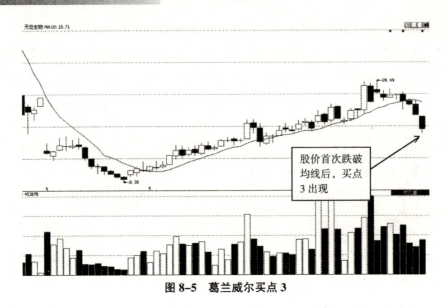

图 8-5　葛兰威尔买点 3

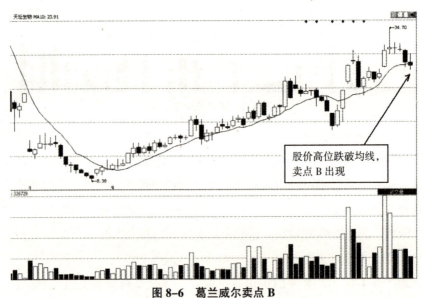

图 8-6　葛兰威尔卖点 B

6. 葛兰威尔买点 4

如图 8-7 所示，葛兰威尔买点 4 出现在股价跌破 10 日均线且出现了横盘现象之后，这说明市场经历了恐慌性的抛售之后，股价有初次反弹愿望。持股的散户也需要这种股价的反弹来减少自己的损失。因此，投资者在图中标识的位置买入股票是个不错的机会，股价必将迎来新一轮的反弹行情。只是对这次股价反弹的幅度，投资者还是不要抱太高的期望。毕竟只是个小反弹而已，股价长期下跌的趋势还是没有出现任何的变化。反弹后继续看空后市，才是多数投资者的共同意愿。

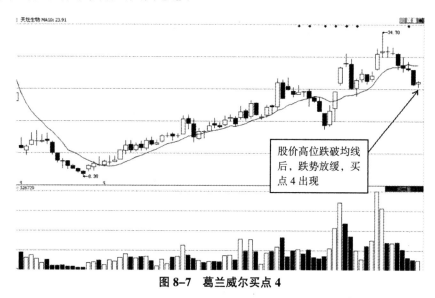

股价高位跌破均线后，跌势放缓，买点4出现

图8-7　葛兰威尔买点4

7. 葛兰威尔卖点 C

如图 8-8 所示，天坛生物这只股票真的出现了短时间的反弹行情，只是反弹的幅度相当小。即使是非常小的反弹，股价也已经逼近了 10 日均线。在下跌趋势中均线已经从支撑股价飙涨变为压制股价上涨，所以投资者应该在股价遭遇 10 日均线阻力开始下跌之前就提早出货，只有这样才能够避免投资损失。

8. 葛兰威尔卖点 D

如图 8-9 所示，在天坛生物这个例子中，股价的下跌出现在股价接近 10 日均线之时，这时候股价的下跌趋势已经是势不可当了。再次经历了新一轮的长时间下跌之后，这只股票才出现企稳的迹象。再次反弹的幅度还是比较大的，已经顺利地突破了 10 日均线的压制，并且在 10 日均线上延续上升行情。

投资者应该谨记的是，当股价处于跌势当中时，真正的反转行情一定是出现在股价放量反弹而且站稳均线之后。而这次股价的反弹也只不过是一次小小的反弹而已，市场并不具备继续上涨的动力。这次股价反弹的行情是葛

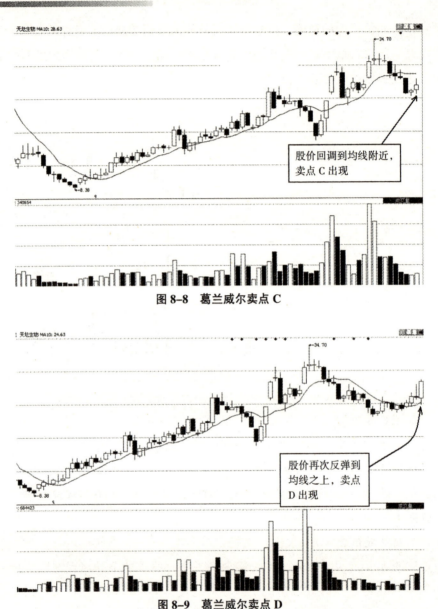

图 8-8　葛兰威尔卖点 C

图 8-9　葛兰威尔卖点 D

兰威尔的第四个卖点，也就是卖点 D。不可长时间"恋战"，再一次出货才是投资者的正确选择。

　　如图 8-10 所示，运用葛兰威尔的八条买卖法则，投资者可以得心应手地实现盈利。从这个例子中可以看出，股价的运行过程虽然大体上符合葛兰威尔的买卖原则，在相应的买卖点位上出现了买卖股票的信号，但买卖的信号还不是太显著。葛兰威尔法则在很多时候可能只是勉强适用，所以投资者在运用该法则的时候就要小心谨慎，以下就介绍一下投资者应该注意的一些事项。

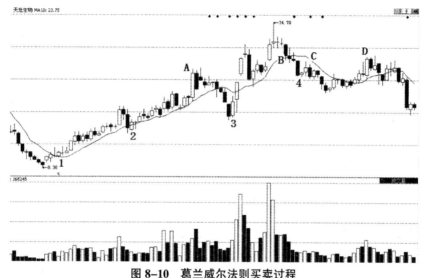

图 8-10　葛兰威尔法则买卖过程

二、注意事项

第一，在葛兰威尔买卖法则当中，卖点 A 位置出现的时候可能并不是非常显著。投资者在卖出股票时机的选择上要兼顾其他相关指标，综合考虑才能够抓住卖点，在股价下跌趋势加强之前卖出手中的股票。

如图 8-11 所示，在熊猫烟花的周 K 线中，应用葛兰威尔法则寻找卖出的点位 A 是不太容易的，但是如果投资者换成利用日 K 线来寻找买入的点位就相对容易多了。股价的微小变化在日 K 线中都是很容易察觉到的。

如图 8-12 所示，在熊猫烟花的日 K 线中，该股显然是在连续四天涨停之后出现了放量的十字星形态。结合该股上涨的幅度来看，十字星的象征意义十分显著。显然获利盘出货造成了股价滞涨并且放量。这正符合葛兰威尔第一个卖点 A 的条件。虽然十字星不一定意味着股价一定会下跌，但是投资者经过谨慎考虑还是应该做出减仓的动作的。

第二，与卖点 A 对应的葛兰威尔买入点 4 的位置也不是很明确。股价究竟远离均线多少才能够买进股票呢？对此没有明确的答案。投资者可以结合

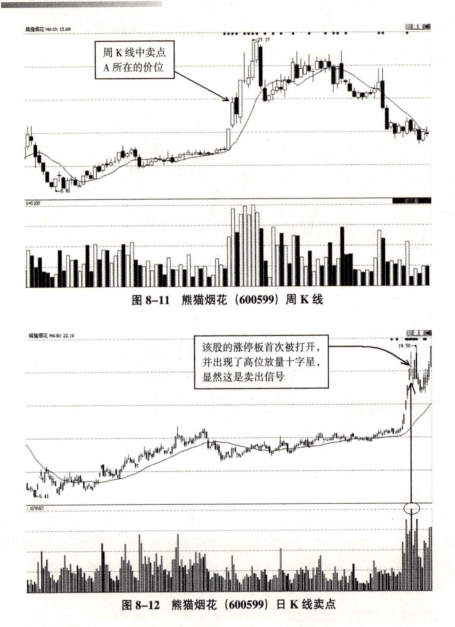

图 8-11　熊猫烟花（600599）周 K 线

图 8-12　熊猫烟花（600599）日 K 线卖点

多周期的股价 K 线运动形态综合判断买入价位，以免错失了建仓的好机会。

　　如图 8-13 所示，在熊猫烟花的日 K 线中，该股的下跌幅度虽然不是很大，但是已经出现了非常明显的企稳迹象。自从出现十字星之后，股价回落时成交量几乎已经萎缩到了拉升前的水平，并且在出现了图中所示的缩量小阴十字星 K 线形态之后，股价明显放量上涨。最开始的上涨幅度虽然不是很大，但是已经出现了连续的放量阳线形态，这是股价真正上涨的前提。

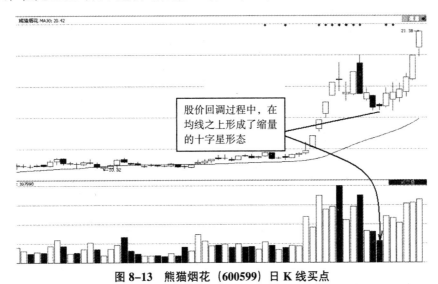

股价回调过程中，在均线之上形成了缩量的十字星形态

图 8-13　熊猫烟花（600599）日 K 线买点

如图 8-14 所示，熊猫烟花日 K 线的后期走势证明了投资者在缩量之后买入股票是个不错的选择，股价经过了葛兰威尔买点 3 后再一次创新高。

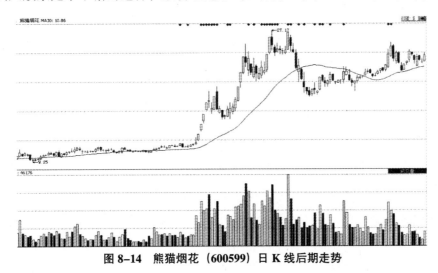

图 8-14　熊猫烟花（600599）日 K 线后期走势

既然葛兰威尔买点 3 出现的位置不是很明确，投资者就要精于分析股价当前的走势，抓住潜在的投资机会才能够获得不错的收益。由于操控个股的主力的实力有强弱之分，股价下跌后见底回升的时间有很大的差异。强势个股可以不跌破均线即再次被拉升起来，而弱势个股可能会在跌破均线之后才

有上涨的机会。不管怎样，投资者如果依照葛兰威尔法则的解释，变通地看待个股的走势，那么抓住潜在的投资收益将是非常容易实现的。

第三，事实上葛兰威尔的应用范围应该是中长周期的股价运动，短期内股价微小的变化也许根本就看不出买卖信号。因此，投资者在运用八项买卖法则的时候，要经常查看一下周线甚至是月 K 线的变化，才能更加清楚地挖掘到买卖机会。

图 8-11 到图 8-14 显示出，应用葛兰威尔买卖法则来选择买卖价位的时候，日 K 线在选择点位上更加容易和准确一些，周 K 线就显得比较粗糙了。但是周 K 线也是有优势的，它可以让投资者更容易地判断出股价的涨跌大趋势，更好地把握住股价运行的方向。

第四，针对不同品种的股票，要灵活运用葛兰威尔八项买卖法则。不同种类股票的运行趋势是不相同的，波动的幅度也有大有小。有些活跃的股票很可能会出现很多次幅度不等的买卖机会，这时候投资者就要小心谨慎地对待了。并不是每一次的信号都是准确的，抓住股价运行的真正大趋势才是投资者盈利的保证。

与那些活跃的股票相比较，业绩差一些的股票如果并没有什么题材可言，则活跃程度就要大打折扣了。虽然波动的幅度并不是很大，但是运行的大趋势还是包含了一般股票运行的各种阶段。只是投资者在判断股价的买卖信号时，应该更加小心谨慎，否则就会因为股价的波动幅度过小而忽视了其中隐藏的买卖时机。

如图 8-15 所示，在洪城股份的周 K 线中，该股长期以来的波动幅度是相当小的，如果用葛兰威尔买卖法则来判断股价的真正运行方向，在选择买卖点上是相当困难的。图中标注的买卖点位不一定准确，并且它是股价走势全部出现之后才能呈现出来的。显然对这样的股票，投资者要在日 K 线中多多研究，才可能得出相应的买卖价位。

如图 8-16 所示，在同一时期的周 K 线中，华业地产这只股票的走势就比较明显了。该股无论是在上涨趋势中，还是在下跌的调整行情中，变化趋势都比较大。股价的大幅度波动为投资者选择买卖点位创造了良好的条件，使用葛兰威尔法则寻找买卖点位也就相对容易了。在该图中标注的四个买入点和四个卖出点也比较准确了。投资者在真正的实盘交易中，也应该多参与

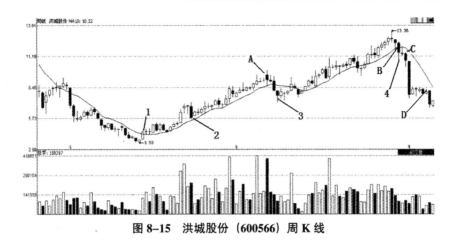

图 8-15　洪城股份（600566）周 K 线

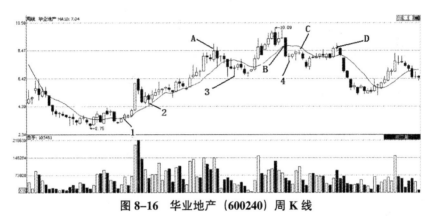

图 8-16　华业地产（600240）周 K 线

这样的股票，判断行情相对容易，获利也就简单一些了。

第五，运用葛兰威尔法则买卖股票的时候，只要股价进入了下跌的趋势当中，投资者买入股票时就一定要非常谨慎才行。在卖出股票的时候要宜早不宜迟，因为下跌趋势持续的时间是不确定的，股价反弹的真正力度也难以预计。只有注重风险才能够保全资金安全，抑制贪心，这样才是散户正确使用葛兰威尔八项买卖法则的关键。

如图 8-17 所示，在熊猫烟花的周 K 线中，股价从图中 1 标注的位置开始下跌以来，先后在图中的 2、3、4 三个位置上（也就是均线附近）出现了下跌行情。下跌的次数相比葛兰威尔八大法则提到的先后三个卖点多了一个。可见股价的见底过程是漫长的，既然是下跌的行情，投资者就不应该抱有太大的希望，试图在股价下跌当中抄底是很困难的，谨慎抄底并且在股价接近均线时就出货是比较明智的选择。

图 8-17　熊猫烟花（600599）周 K 线

第九章 均线死叉与金叉——股票买卖的价位

第一节 均线死叉与金叉

一、均线的死叉

死叉就是投资者经常说的"死亡交叉"，是在股价下跌的初期，短期移动平均线向下穿越长期移动平均线而形成的交叉形态。死叉不仅在移动平均线中可以经常看到，在其他线性指标中也可以看到，其代表的意义也大多为空方逐渐占据优势的下跌趋势即将形成。

不同周期移动平均线可以形成不同的死叉形态，表现出来的买卖机会也是不相同的。一般来说，短期移动平均线之间形成的死叉形态，其看空的意义要远远小于中长期移动平均线形成的死叉形态。短期移动平均线虽然也有出货的意义，但只能说明市场在短期内出现了下跌调整的趋势，长期来看，真正下跌应该起始于中长期移动平均线之间形成死叉的时候。

1. 5 日均线与 10 日均线形成死叉

5 日均线与 10 日均线形成死叉后，最能够体现死叉意义的时刻出现在下跌趋势中。在熊市中，股价每一次的反弹都是稍纵即逝的，难以形成真正的反转行情。而投资者在死叉形成后做空，可以收到更好的效果。在牛市当中，5 日均线和 10 日均线形成死叉不能作为长时间做空的依据，股价可能只是短时间内进入调整状态，但是却能够形成出货的死叉形态。这时候，投资者要十分小心做空后股价可能出现的回调行情，不要见到死叉就去做空。

在很多趋势不明朗的调整行情中，股价的震荡是相当剧烈的。而这个时候5日均线与10日均线形成死叉形态也很正常，却不是做空的机会。股价短时间内只是为即将到来的趋势进行多空争夺的战争而已，待到股价调整完毕之后，形成死叉或者金叉形态才具有买卖的意义，这是投资者必须注意的方面。

2. 30日均线与60日均线形成死叉

30日均线与60日均线形成死叉的时候，证明股价的运行趋势在很大程度上已经改变了运行方向，做空已经成为主要的操作动作。只要不是在上行趋势非常明显的上涨过程中，投资者是可以将死叉作为出货信号的。只是有一点需要注意，30日均线与60日均线形成死叉经常发生在股价真正反转以后，如果这时候投资者做空，可能会在之前就损失很多的资金。当然，股价如果仅仅是短时间破位调整，同样会形成死叉形态，但并不是说市场就一定进入到下跌趋势中，死叉之后股价很可能形成短期的底部形态，即使投资者这时候出货，也可能落入空头陷阱。

为避免落入30日均线与60日均线形成的死叉之中，最好的办法就是调整移动平均线的周期，将较短的均线和较长的均线进行搭配，这样能够得到非常好的出货时机。例如，将10日均线与60日均线形成的死叉作为出货的依据，这样在关键的突破价位上，就不会耽误出货的时机了。而在股价调整的初期，使用中长期移动平均线的死叉进行判断，这样会取得不错的效果。

3. 100日均线与200日均线形成死叉

百日均线之间形成死叉形态，对于众多中短线的投资者来说，出货的信号非常有限，更多的作用是其明确股价下跌趋势的象征意义。

二、均线的金叉

均线的死叉是短期移动平均线从上向下穿越长期移动平均线，而金叉形态与死叉恰好相反。股价在上涨的初期，短期移动平均线会与长期移动平均线形成金叉形态，这是建仓的大好时机。

形成金叉的移动平均线的周期不同，建仓信号的强度也是不一样的，将短周期的移动平均线形成的金叉作为建仓的信号，投资者要注意买卖信号的强弱程度。如果股价在震荡整理当中，偶然间形成了金叉形态，那么其不足以作为投资者建仓的依据。在牛市当中，股价短时间内回调后继续上涨，移动平均线形成金叉是投资者建仓的有效时机。股价上升途中形成的金叉形态，投资者都可以将其作为建仓的时机。但是股价高位见顶后，整理过程中继续创新高，投资者就要十分小心了。即使是金叉，如果没有成交量的配合，股价也难以有较大的上涨空间。在很多情况下，主力在股价见顶之后还继续强行拉升，短时间内放巨量上涨的背后是主力出货的动作。虽然移动平均线也可以在短时间内形成买入的金叉信号，但投资者一旦全仓介入其中，陷入套牢状态就难以避免了。

从金叉形成的时间周期上看，短期均线之间、中期均线之间以及长期均线之间都可以形成金叉形态。短期移动平均线之间形成的金叉更容易一些，而作为建仓信号的说服力却比较差。参考短期移动平均线的金叉而买入股票后，股价不一定会上涨。中长期移动平均线形成的金叉则预示着股价的上涨趋势已经形成，投资者建仓之后股价继续上涨的概率很大。有一点值得投资者注意，这就是中长期移动平均线之间形成的金叉很可能出现在股价大幅度上涨之后，这样即使做多的方向是正确的，投资者也可能会因为趋势较小而使得投资收益微不足道。投资者在借助金叉来完成建仓时，就要十分小心其中的投资风险。否则，即使是非常显著的金叉形态也不一定会有投资收益。

第二节　死叉最佳卖点

一、放量出货后的死叉卖点

在长时间操盘后，股价涨幅巨大，主力获利非常丰厚，这样一来通过出货来兑现利润就成为主力的必然选择。在主力出货的时候，最为显著的特点是成交量放大，甚至是天量成交量。主力利用成交量放大的机会使筹码快速转移到散户手中，这样才完成了筹码在高位的转移。既然主力已经卖出手中多数的股票，那么之后股价的破位下跌也就很正常了。

在主力放量出货之时，换手率也会相应地放大，之后股价的高位下跌也是顺理成章的。死叉就是在主力出货之后，短期移动平均线由上向下穿越中长期移动平均线时形成的。放量出货只是主力出货的过程而已，真正出货的信号发生在股价下跌期间出现死叉形态之后。死叉是在股价下跌趋势进一步确立之后发生的。从股价真正下跌到死叉形成是有一段时间的，并且在死叉形成之前，股价下跌也会持续一段时间。投资者见到死叉之时，应该尽快出货才能够避免潜在的巨大风险。

股价在见顶回落之时，短期移动平均线向下穿越中期移动平均线形成死叉形态，死叉可以作为出货的信号来对待。而将短期移动平均线穿越长期移动平均线形成的死叉形态作为出货信号，就比较迟钝了。投资者可以综合股价 K 线形态和均线金叉等各方面的因素来选择出货的时机。

如图 9-1 所示，从四川路桥的日 K 线中可以看出，该股在长久横盘之后短时间内放量大涨。拉升时间短暂，主力出货的时间也非常短暂，图中股价在顶部放量后缓慢下跌就说明了这个问题。短暂拉升之后，主力出货，5 日均线与 10 日均线在瞬间形成了死叉形态，这是投资者出货的最佳时机，一旦错过这个时机，投资者遭受损失或者盈利减少将不可避免。

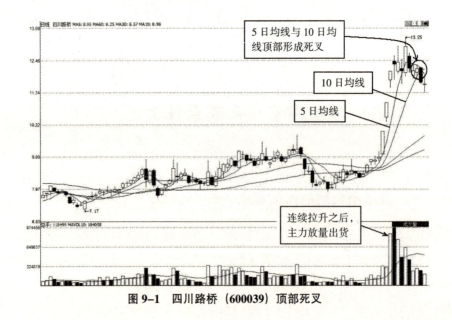

图 9-1　四川路桥（600039）顶部死叉

如图 9-2 所示，在四川路桥的日 K 线中再次出现了死叉形态，这一次是 10 日均线与 30 日均线形成的死叉形态，相比前一次的 5 日均线、10 日均线形成的死叉形态，这一次更能够说明股价的下跌趋势。投资者应该尽快出货，以防损失在时间的推移中不断扩大。

图 9-2 四川路桥（600039）第二次死叉

如图 9-3 所示，在四川路桥的日 K 线中，中期移动平均线（30 日与 60 日）形成了第三次死叉形态，中期调整正在进行中。可见，主力在顶部放量

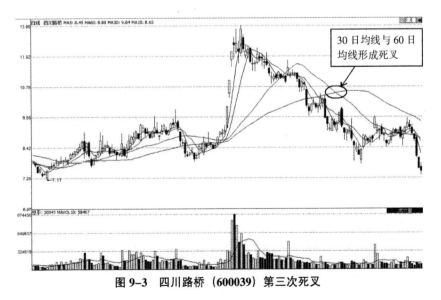

图 9-3 四川路桥（600039）第三次死叉

出货之后，三次死叉已经说明趋势向熊市发展，投资者只要把握住任何一个死叉出货形态，损失都可以减少很多。

二、顶部见顶震荡后的死叉卖点

主力顶部出货的方式是非常多的，有一次性的放天量出货，同样也会有震荡之时在不知不觉中完成出货的动作。不论哪一种出货方式，死叉的形成都是必然出现的信号。主力采取一次性放量后出货，死叉的形成会缓慢一些。因为股价在短时间内从上升趋势进入下跌的趋势，移动平均线必然需要更多的时间来形成死叉。而如果主力采取顶部震荡的方式完成出货，股价的下跌与移动平均线形成死叉在时间上就很接近了。股价在顶部不断震荡走弱的过程中，各种周期的移动平均线会不断地调整位置，最后短期、中期、长期移动平均线将会形成接近黏合的形态。股价下跌后，黏合的移动平均线会更快速地形成死叉形态，投资者出货的动作也因此大大提前，减少因为死叉延迟形成而造成的投资损失。

如图 9-4 所示，在浪潮软件的日 K 线中，30 日均线与 60 日均线在顶部震荡走弱的过程中，形成了看跌的死叉形态。股价下跌到了移动平均线之下，显然已经能够看出空方力量增大的趋势了，而在股价再次创新低的

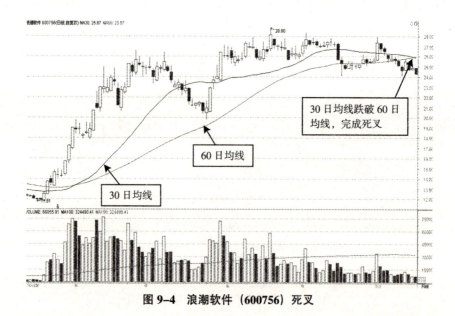

图 9-4　浪潮软件（600756）死叉

过程中形成死叉，又强化了股价下跌的趋势，投资者在这个时候出货避险是明智之举。

如图9-5所示，在浪潮软件的日K线中，中期移动平均线的死叉在高位形成之后，该股的中期下跌行情就已经在形成之中了。图中矩形区域就是死叉后的日K线图走势，投资者只有暂时出货才可以避免损失。

图9-5　浪潮软件（600756）死叉后走势

三、下跌途中反弹的死叉卖点

在股价下跌途中形成的死叉形态，是持股而被套牢的投资者出货的最佳时机，也是欲减小投资风险的投资者应该关注的形态。股价见顶下跌之中的反弹行情不同于底部见底之后的上涨行情，其反弹幅度小、持续时间也较短暂。当股价遇到强大的均线阻力时，股价就会快速回落下来，这时候短期移动平均线会从上向下穿越中期移动平均线，死叉的形成加强了股价下跌的趋势，强化了投资者出货的信心。死叉出现之时虽然不一定是最佳出货时机，但却是主力出货后散户卖出股票的最后时机，抓住这样的出货机会，投资者可以获得一定的收益。

如图9-6所示，在中船股份的日K线中，该股显然已经处于下跌趋势中。但是由于多方的不断抵抗，在低位买入股票后股价不断反弹。图中显示股价在反弹至均线附近之后再次下跌，而后 10 日均线在很短暂的时间内与 60 日均线形成了死叉。接下来股价反弹至 60 日均线附近就是投资者出货的良机，后市看空的趋势还将继续下去。

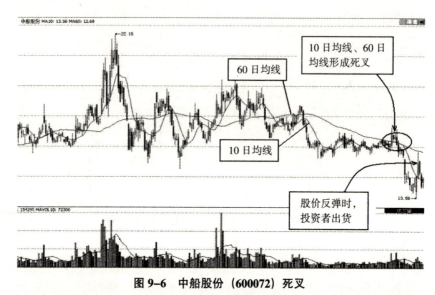

图 9-6　中船股份（600072）死叉

如图 9-7 所示，中船股份日 K 线死叉形态出现之后，图中矩形区域的下跌过程一直持续下去。在下跌过程中，股价反弹后形成的死叉形态已经是中

图 9-7　中船股份（600072）死叉后走势

期跌势新的开始。提前做出出货的选择将有利于投资者降低投资损失。

四、股价暴涨之后的死叉卖点

股价在短时间暴涨之后，因为短时间内的涨幅过大，遭遇调整就是必然的。暴涨的过程如果出现在股价见顶的时候，今后调整的幅度就会非常大。即使不是见顶回落，大幅度的调整也可能会出现。股价遭暴涨之后迅速进入到调整行情之中，移动平均线会从陡峭向上的趋势中快速扭头向下跌去。这个时候，短期移动平均线就会与中期移动平均线形成非常显著的死叉形态，投资者可以卖出手中的股票，以免损失扩大化。

如图9-8所示，从新疆天业的日K线中可以看出，该股在连续上涨之后立刻出现了死叉形态。短期的5日均线和10日均线形成死叉恰好说明短期股价趋于看空，投资者应该尽快减仓以避免损失。

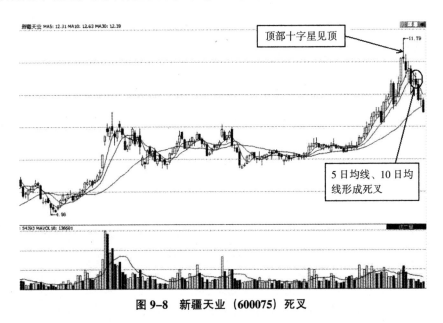

图9-8　新疆天业（600075）死叉

如图9-9所示，短期移动平均线的死叉出现之后，10日均线、30日均线又一次以死叉形态出现。两次死叉形态不断巩固股价下跌的趋势，而无论股价前期的上涨幅度如何诱人。

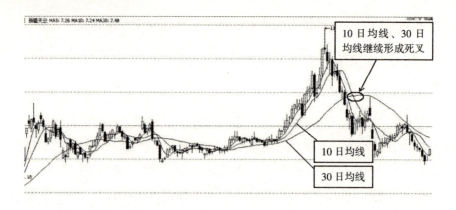

10日均线、30日均线继续形成死叉

10日均线

30日均线

图 9-9 新疆天业（600075）死叉

五、上涨过程中回调的死叉卖点

明显处于上升趋势中的股票，股价每一次冲高回落到支撑线之上，都可以作为投资者继续加仓的入场点。而死叉的形成是投资者短期内减仓的依据。短线操作水平高的投资者，可以在规律明显的上升行情中高抛低吸，赚取差额利润。短期内股价下跌造成的死叉形态恰好是短线投资者出货调仓的依据。

但是投资者需要明确一点，股价既然处于牛市行情，那么下跌只是其中的小插曲而已。依据死叉卖出股票，也要注意支撑线的位置。如果股价已经跌至支撑线附近，那么即使出现死叉形态，股价的下跌幅度也可能非常有限。笔者认为，投资者最好选择在股价上冲很高之后且出现死叉时减仓，这样就不会造成卖出股票后股价又继续上涨的尴尬局面。

如图 9-10 所示，在同方股份的日 K 线中，股价在上涨至高位后不断地走弱。而在这期间形成的大阴线形态已经使 5 日均线与 10 日均线以死叉形态示人。短期均线形成死叉之后，股价不断地在 10 日均线之下震荡走弱。面对随时都有可能再次破位下跌的股价，投资者应该尽快出货。

5 日均线、10 日均线形成死叉形态

图 9-10 同方股份（600100）死叉

如图 9-11 所示，在同方股份的日 K 线中，出现之后死叉股价走弱，此后股价的跌势就一直持续了下来。图中股价的下跌显然不是缓慢持续，而是越来越快。

图 9-11 同方股份（600100）死叉后走势

第三节　金叉最佳买点

一、见底后放量上涨的金叉买点

不管股价能否形成金叉形态，成交量放大后的大涨一定是主力做多的表现。移动平均线金叉的出现，只是作为投资信号出现而已。因此，投资者选择那些成交量有所放大的股票，总是有效的建仓策略。在实盘交易中经常出现的情况是：股价放量上涨突破移动平均线后，短期移动平均线也在股价回调时与中长期移动平均线形成金叉形态。只要前期股价没有出现巨大的跌幅，或者是在股价上升趋势中形成的金叉形态，股价就不会出现再次跌破移动平均线的回调，在出现金叉形态后建仓就是非常有效的。

在熊市之后且股价放量上涨时，即使出现金叉也可能是短期股价的反弹行情。但是成交量如能够持续放大，股价的上涨就不会是短期的行为了。股价可以长期放量上涨，也只有持续上涨的股价才具有买入的条件。

如图 9-12 所示，从莱钢股份的日 K 线中可以看出，该股在长期的下跌行情中没有出现过一次像样的反弹，但是最终该股顺利放量上涨。放量上涨之后，30 日均线与 60 日均线随即形成了非常显著的金叉形态，这是投资者中长期持股的最佳建仓时机，今后股价的上涨潜力将是非常大的。

如图 9-13 所示，在莱钢股份的日 K 线中，该股自中期移动平均线形成金叉开始，股价的上涨趋势持续了 8 个月以上。显然，投资者通过中期移动平均线的金叉来选择买入股票的时机是非常成功的。

二、股价上涨途中反弹的金叉买点

股价上涨的过程不会是一帆风顺的，上涨过程中出现下跌调整的行情是多头获利之后的短期出货行为，当然也有很多是前期套牢投资者的解套出货行为。不管股价下跌的原因如何，短期回调之后延续上涨的趋势对于投资者是十分诱人的机会。当短期移动平均线跌破中期移动平均线之后再次穿越中

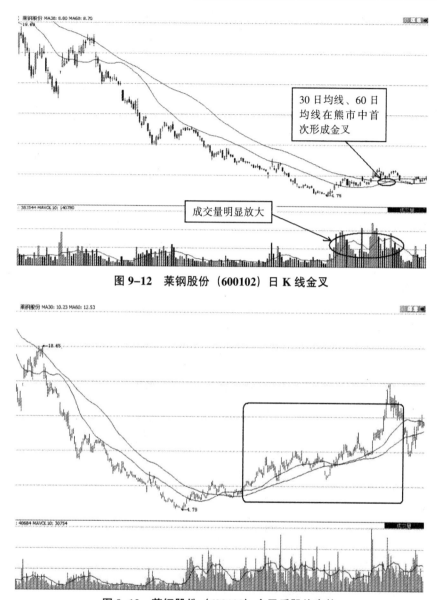

图 9-12　莱钢股份（600102）日 K 线金叉

图 9-13　莱钢股份（600102）金叉后股价走势

期移动平均线时，就是短期内投资者再次建仓的最佳机会。

　　能够在稳定的上升趋势中上涨的股票，短期移动平均线是不容易出现跌破中期移动平均线的回调现象的。一旦出现回调，下跌的时间不会太长，这只是主力故意做出的破位下跌。股价在跌破了中期移动平均线之后，短期内会轻易地被拉升到移动平均线之上，牛市行情将会延续下去。

如图 9-14 所示，亚盛集团在震荡上涨的过程中，股价底部穿越 30 日均线之后，5 日均线立即与 30 日均线形成了金叉形态。图中显示的 C 位置是股价再次反弹的位置，也是投资者买入股票的大好时机。

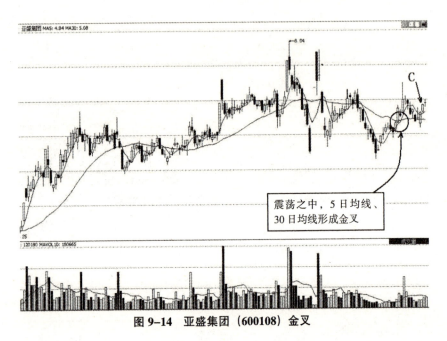

震荡之中，5 日均线、30 日均线形成金叉

图 9-14　亚盛集团（600108）金叉

如图 9-15 所示，亚盛集团在金叉之后走势凌厉，上涨的幅度更是不断提高。显然，投资者前期买入股票的时机是非常正确的，投资者将会在实盘交易中赢取更多利润。

三、超跌反转的金叉买点

在牛市行情当中，指数大涨之后短时间内出现回调，有的个股下跌的幅度很小，当然也有很多个股会出现破位下跌。在股价跌破了中期移动平均线之后，无论是出于技术面反弹的需求，还是来自基本面的支持，股价出现短期的反弹在很多时候都是常见的事情。而超跌反弹时的"V"形反转形态也是此时股价快速反弹形态的真实写照。这个时候，短期移动平均线快速突破中期移动平均线，是投资者介入的大好机会。

在超跌反弹的快速上涨行情当中，投资者借股价下跌时买入廉价的股票，就是一个建仓的绝佳机遇。这时出现的超跌反弹，投资者都可以首先从

图 9-15　亚盛集团（600108）金叉后走势

K 线形态中发现上涨的信号。例如，股价在见底的时候，出现了一根放量大涨的大阳线，并且将此前下跌的多条小阴线吞噬掉，随即股价开始放量上涨。大阳线对众多小阴线的吞噬形态，是股价继续上涨的开始，而在这之后出现的短期均线向上穿越中期平均线的信号，则进一步地验证了上涨趋势，从而投资者盈利就有了进一步的保障。

　　超跌之后反转的行情虽然是买入股票的很好时机，但是投资者一定要注意其中的投资风险。反转行情如果出现在下跌趋势中，上涨的空间不能期望太高，股价的上涨很可能在短时间内结束。金叉也可能在短时间内出现，然后又跟随股价重新回落下来。这是投资者需要非常注意的问题，否则损失不可避免。

　　如果上涨趋势中出现超跌反弹的行情，上涨的趋势继续延续的可能性就比较大，投资者可以更多地倾向于看多后市，金叉出现之后持股待涨。

　　如图 9-16 所示，在长江传媒的日 K 线中，股价从 10.40 元/股连续下跌至最低价 8.29 元/股附近。超跌之后股价必然会出现反转行情，图中股价缓慢上涨之后形成的金叉形态就是投资者买入股票的重要位置，该股有望在金叉之后不断创出新高。

　　如图 9-17 所示，在长江传媒的日 K 线中，金叉显然成为投资者买入股

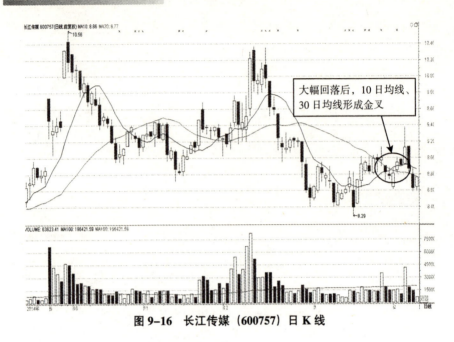

图 9-16　长江传媒（600757）日 K 线

票的信号，股价的快速反弹上涨就是证明。

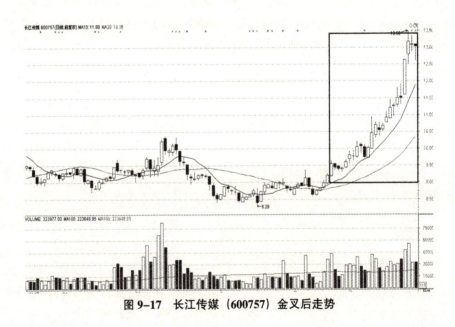

图 9-17　长江传媒（600757）金叉后走势

四、突破后的金叉买点

股价在底部或者在上涨途中的震荡整理经常是主力洗盘的结果。只有经过长时间的洗盘，继续的拉升股价才不会遭到空方的大量抛售。股价在震荡时，主力也可以在低位继续买入筹码，降低持仓成本。当然，股票在散户之间不断地完成换手后，散户的持仓成本就被抬高了，没有盈利的投资者不会在股价短暂拉升的初期就卖出手中的股票。

主力操纵股价之后，股价就会突破震荡区域，而短期移动平均线从下向上穿越中期移动平均线就是移动平均线金叉形成之日。股价有所突破，只要有成交量的配合，上涨趋势有望进一步延续下去。

底部股价震荡之后突破整理区域，主力诱多的可能性就非常小，此时投资者在建仓后进入盈利状态就顺理成章了。但是，在股价涨幅过大的时候，如果震荡整理之后继续上涨，投资者就要注意其中的投资风险了，毕竟股价高位震荡是有风险的。在前期股价震荡时，如果没有明显的放巨量和高换手率出现，主力出货的希望就不是很大。既然主力还没有完成出货的动作，那么继续拉升就是主力的唯一选择。投资者在金叉后建仓，是跟随主力的动作，因此出现亏损的可能性就非常小。能够与主力同进同退的投资者，实现盈利是很正常的。

如图 9-18 所示，*ST 国发在 2009 年初的横盘整理过后，出现了非常显著的放量上涨的趋势。有了成交量的大力配合，该股的上涨趋势已经具备了持续上升的意义。投资者可以在 10 日均线、30 日均线形成金叉的时候开始建仓，该股的上涨趋势一定会得到成交量的配合。

如图 9-19 所示，*ST 国发的上涨趋势出现在放量突破整理区域之后，该股的上涨就一发不可收拾了。

五、底部形成之后的金叉买点

股价从下跌的熊市中企稳之后，底部形态再次出现时有很多投资者都可以感受得到。股价底部的形成，需要双底、三重底、多重底等形态被确认。而建立在这些底部形态之上的股价反转就不是短时间的事情了。底部形态之上出现的金叉形态，恰好说明了底部形态的有效性。如果股价能够在底部明

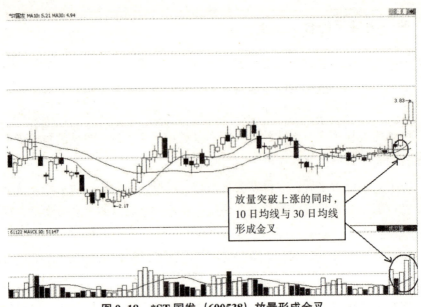

图 9-18　*ST 国发（600538）放量形成金叉

图 9-19　*ST 国发（600538）金叉后的走势

显的支撑作用下稳定上涨，则这时候的上升行情是非常难得的。

　　既然投资者确认了底部形态已经存在，那么寻找建仓时机就是投资者最重要的事情了。股价会在底部形成之后大幅度震荡，这正是主力所为。倘若股价的上升过程是一帆风顺的，那么持仓的散户不仅不会减少，还会随着追涨情况的发生而不断壮大。持仓的散户壮大了，也就相应地挤压了主力的持仓量。因此，通过震荡洗盘再次建仓就是主力的必然行为了。既然是洗盘，就要达到预期的效果，仅仅凭借小幅度的震荡是很难完成的。这样破位下跌就成为可能，即使底部已经形成，主力也会使股价再次跌破移动平均线。而主力再次放量拉升股价之时，短期移动平均线会穿越长期移动平均线，形成买入的金叉形态，这是投资者建仓的绝佳位置。

　　如图 9-20 所示，在中航黑豹的日 K 线中，除权之后出现了震荡整理的走势。在整理过程中，该股就形成双底形态。如果双底形态还不能够说明投资者应该建仓，那么之后的金叉将是投资者的最佳建仓位置。图中 30 日均线、60 日均线形成金叉之后，股价的中期拉升行情就快速展开，建仓的投资者将会获得巨大收益。

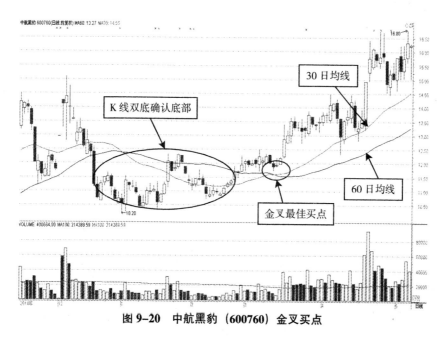

图 9-20　中航黑豹（600760）金叉买点

第十章 使用黄金分割率设置均线
——真正的压力和支撑

第一节 何谓黄金分割率

一、奇异数字

说到黄金分割率，投资者首先应该知道的是一组由与黄金分割率密切相关的奇异数字组成的数列。这组数列是1、2、3、5、8、13、21、34、55、89、144……因为这个数列是菲薄南希于13世纪发现的，所以又叫作菲薄南希数列。

从这组数列的组成来看，投资者可以将这组数列看成是由基本数字1、2组成的。第三个数字是由前两个数字组成的，而以后的任何一个数字都是前两个数字之和。例如，3是前边的1和2相加之和；5是前边的2和3相加之和；13是前边的5和8之和。这样看来，就是这样一组数字还潜藏着不少规律呢，如果再仔细分析，还会存在其他的一些显著特征。

二、黄金分割理论

黄金分割率的最基本理论是可以将1分割成0.618和0.382。从其奇异数字1、2、3、5、8、13、21、34、55、89、144……可以得出以下的明显特征来：

第一，任意连续的两个数字组成了第三个数字。如8+13=21、21+34=55。

第二，任何一个数字与其后的一个数字的比值为 0.618。如 13/21 = 0.618、89/144 = 0.618。

第三，任何一个数字与其前边的数字的比值为 1.618。如 55/34 = 1.618。

第四，1.618 和 0.618 互为倒数，而乘积约等于 1。

第五，任何一个数字与其后边的两个数字之比，其值接近于 2.618；而如果与前两个数字之比，其数值接近于 0.382。

除了以上所说的基本分割率：1 分割成 0.618 和 0.382 外，还有两组不得不提的比值：0.191、0.382、0.5、0.618、0.809……与 1、1.382、1.5、1.618、2、2.382、2.618……

三、黄金分割常用方法

黄金分割在实战当中，最常用的方法基本上有两种。

第一，以股价现阶段的最高点和最低点对应的价位作为计算的基础，当股价处于上升趋势时，使用最低点的价位作为计算的基础；当股价下跌调整到某一个黄金比率时，股价就会获得相应的支撑。在即将结束的时候，上涨或者下跌到对应的黄金分割价位时也会出现相应的转折。

第二，当股价趋势转向后，不管今后的涨跌方向如何，投资者都可以用近阶段股价走势中比较重要的峰值和谷底的价位作为计算的基数，将对应的股价依据 0.191、0.382、0.5、0.618、0.809 分割成对应的黄金点，股价在反转走势中一旦达到对应的价位，将会遇到不同程度的支撑或者阻力作用。

第二节 如何运用黄金分割均线

黄金分割率不仅可以直接用于测量股价涨跌幅度的压力、支撑，对应的黄金分割率数值也可以用于定义不同周期的移动平均线数值。使用黄金分割数值计算得出的移动平均线，可以帮助投资者更加直观地查看对应的压力和支撑情况，对股价潜在的反弹和回调做出相应的反应。

一、黄金分割均线的计算方法

黄金分割率中的数值涉及很多的分割方法，具体使用哪一个分割数值可以得到有效的支撑和阻力呢？

使用距离远一些的黄金分割率要比使用间隔近一些的黄金分割率有效得多，计算出的移动平均线也可以获得不错的支撑和阻力位置。使用连续、有规律变化的黄金分割率，可以获得不错的移动平均线买卖信号。在移动平均线计算周期的选择上，可以选择 5 日均线，也可以选择 10 日均线。5 日均线和 10 日均线是最为常用的短期移动平均线计算周期，通过黄金分割计算得出的移动平均线可以起到比较好的作用。其具体计算方法如下：

第一，当以 5 日均线作为基数，计算黄金分割移动平均线时，首先选择黄金分割率对应的黄金分割数值：2.618、4.618、6.618、8.618、10.618、11.618……使用这组黄金分割比率分别与 5 相乘得出对应的移动平均线数值：5、13、23、33、43、53、63、73、83、93……这一组数值对应的移动平均线就是经过 0.618 分割后的黄金分割移动平均线。

第二，当以 10 日均线作为基数，计算黄金分割移动平均线时，首先选择黄金分割率对应的黄金分割数值：2.618、4.618、6.618、8.618、10.618、11.618……使用这组黄金分割比率分别与 10 相乘得出对应的移动平均线数值：10、26、46、66、86、106……这一组数值对应的移动平均线就是经过 0.618 分割后的黄金分割移动平均线。

第三，当以 60 日均线作为基数，计算黄金分割移动平均线时，可以使用黄金分割率与之相乘，得出相应的黄金分割移动平均线。例如：使用 0.191、0.382、0.5、0.618、0.809、1 这一组数值与 60 相乘得到 11、23、30、37、49、60。

第四，当以 100 日均线作为基数，计算黄金分割移动平均线时，可以使用黄金分割率与之相乘，得出相应的黄金分割移动平均线。例如：使用 0.191、0.382、0.5、0.618、0.809、1 这一组数值与 100 相乘得到 19、38、50、62、81、100。

二、选择有效的移动平均线组合

通过前边四个步骤，已经计算得出相应的黄金分割移动平均线，这时候投资者就可以使用移动平均线来操作股票了。

基于不同方法计算得出移动平均线数值，投资者可以选取不同的移动平均线来测试支撑和阻力。以下是推荐的不同周期移动平均线计算组合：

5 日：5、23、43、63 或者 13、33、53、73；

10 日：10、46、86 或者 10、26、46、66；

60 日：11、30、49 或者 11、23、30、37、49、60；

100 日：19、38、50、62、81、100 或者 19、50、81 或者 38、62、100。

第三节　黄金分割均线实战策略

黄金分割均线在应用上，与普通的移动平均线没有区别，只是效果更好一些。在判断支撑和阻力时，可以找到相对准确的转折价位。投资者在判断股价预期上涨或者下跌的幅度时，可以在股价到达相应的价位时，提前做出相应的反应，这样可以避免损失。

一、与 5 日均线相关的黄金分割均线实战策略

5 日、23 日、43 日、63 日移动平均线。

1. 下跌中寻找支撑位

如图 10-1 所示，在片仔癀日 K 线中，该股在震荡上涨的过程中，股价不断地遇到阻力下跌，而又不断地在移动平均线处获得支撑而上涨。图中显示的是，该股在快速上冲的过程中，创下 32.92 元/股的高价之后快速见顶回落。既然已经见顶，那么何时该股会重新获得支撑呢？这一定是众多投资者共同关注的问题。能够抓住支撑点的投资者会获得更多的利润。

图 10-1 中，股价在黄金分割的 23 日移动平均线处出现了一根下影线非常长的小阴线。股票收盘价格在 23 日均线处，而下影线接近了 43 日均线，

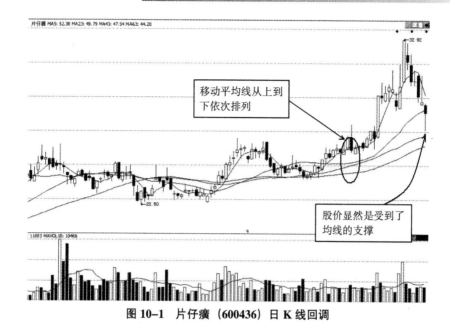

图 10-1　片仔癀（600436）日 K 线回调

显然两条均线对股价的支撑作用都已经显现出来，股价很可能会出现短暂的反弹行情。

如图 10-2 所示，在片仔癀的日 K 线中，该股果然在图中的 23 日均线处开始短暂的反弹，即使这是一次短暂的反弹行情，投资者同样会获得不错的投资收益。连续四天阳线反弹上涨后，股价仍然有 10% 的涨幅，短线投资者可以在这个时候获利。

该股反弹后不久又回落到了 43 日移动平均线处。结合当时上证指数的走势来看，指数还可以继续上涨。那么该股继续下跌至 43 日黄金分割移动平均线处就恰好成为投资者建仓的绝佳机会，之后该股一定会有不错的表现。

如图 10-3 所示，在片仔癀的日 K 线中，股价在 43 日黄金分割移动平均线处获得了明显的支撑，股价大幅度反弹上涨。与前期下影线很长的小阴 K 线形成了非常明显的呼应，两次支撑后股价上涨的趋势被进一步强化，股价不断地创出新高。

2. 上涨中寻找压力位

如图 10-4 所示，在湖南海利的日 K 线中，该股在暴跌之后最低到达 7.80 元/股的低位。之后股价迅速向上冲高，图中显示出，股价在真实放量突

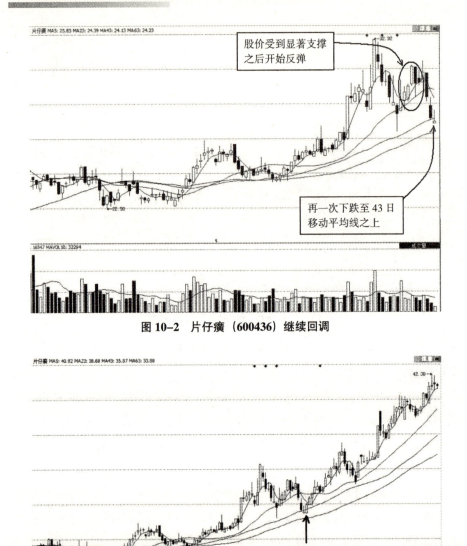

图 10-2　片仔癀（600436）继续回调

图 10-3　片仔癀（600436）再次回调

破了 23 日移动平均线之后，在 43 日移动平均线处遇到了明显的阻力而横盘整理。由此看来，43 日黄金分割线作为影响股价上涨的阻力还是相当明显的。横盘整理一周之后，该股才顺利突破了均线的阻力作用而再创新高。

图 10-4 湖南海利（600731）反弹中的阻力

二、与 10 日均线相关的黄金分割均线实战策略

10 日、26 日、46 日、66 日移动平均线。

1. 下跌中寻找支撑位

如图 10-5 所示，在片仔癀的日 K 线中，该股在 26 日和 46 日黄金分割移动平均线处获得的支撑是非常显著的。股价在两次支撑作用中，都出现了非常显著的上涨。而且，随着股价不断下跌到长期的移动平均线处，股价获得的支撑更为显著，最终该股的上涨空间进一步扩展。

2. 上涨中寻找压力位

如图 10-6 所示，在安徽合力的日 K 线中，该股在超跌反弹之后，遇到了黄金分割均线的强大阻力，在不同周期移动平均线处遇到阻力而滞涨。图中的 A、B 两个位置正是 26 日和 46 日移动平均线所在，也是股价遇到阻力而下跌的价位。在图中的 B 位置，股价下跌的幅度超过了 10%，可见这两条黄金分割线的压力是非常大的。投资者如果早一点儿意识到压力存在，那么提前减仓就会减少很多损失。

在图中的 C 位置，股价已经上涨到了 66 日移动平均线附近。与前两次的遇阻下跌不同，这一次股价一举放量突破了均线的阻力，而快速地进入了上升趋势中。显然，该股的上涨过程在股价突破 66 日移动线之后已经是不

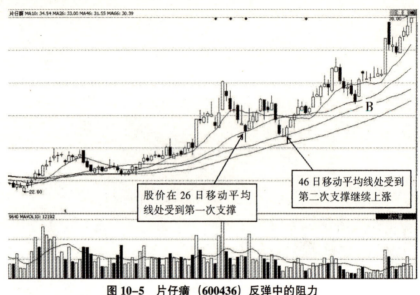

图 10-5　片仔癀（600436）反弹中的阻力

图 10-6　安徽合力（600761）反弹中的阻力

可逆转了。

股价在突破 66 日均线之前，均线是股价上涨的阻力。突破均线之后，均线变为支撑作用线，股价继续上涨已经是大势所趋。

三、与 60 日均线相关的黄金分割均线实战策略

11 日、30 日、49 日移动平均线。

1. 下跌中寻找支撑位

如图 10-7 所示，在 ST 东盛的日 K 线中，该股连续大幅度下挫，一直跌到了 30 日均线附近。在 K 线表现上，股价下跌的趋势虽然非常显著，但是遇到了 30 日均线之后如果能够出现非常显著的看多趋势，那么该股在此后开始迅速上涨也不是没有可能的。

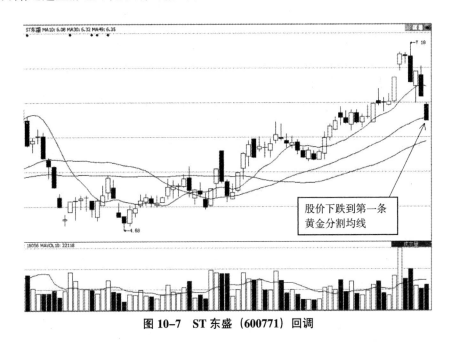

图 10-7 ST 东盛（600771）回调

如图 10-8 所示，ST 东盛在下跌至 30 日均线处时，紧跟着出现一根大阳线，显然股价在受到黄金分割均线的支撑作用后开始反弹。如果投资者能够清楚地认识到均线的支撑作用而见机买入股票，那么今后获得投资收益就理所当然了。

在该股反弹后不久，股价就再一次下跌至 49 日移动平均线处，并且出现了一根很小的十字星 K 线形态。投资者可以想象，这个时候出现十字星形态，一定不是偶然现象。股价的下跌过程很可能接近尾声，只是没有出现明显的反弹而已。反弹之后，投资者就可以建仓了。

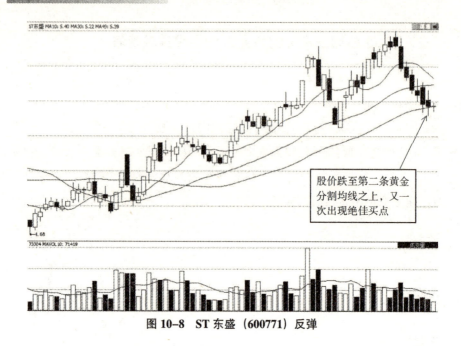

股价跌至第二条黄金分割均线之上，又一次出现绝佳买点

图 10-8　ST 东盛（600771）反弹

　　如图 10-9 所示，在 ST 东盛的日 K 线中，该股在 49 日均线附近果然是不断震荡，却没有轻易地跌破 49 日均线。显然，在股价跌到均线处且出现十字星的时候开始建仓，是投资者盈利的保证。这样一来，收益会在不知不

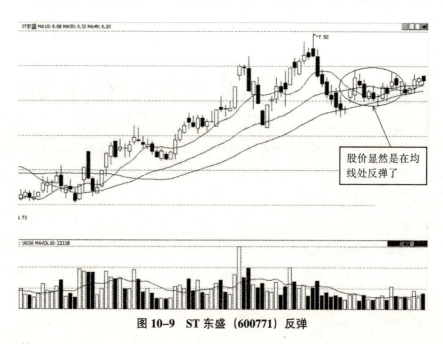

股价显然是在均线处反弹了

图 10-9　ST 东盛（600771）反弹

觉中增加许多。

2. 上涨中寻找压力位

如图 10-10 所示，在新华百货日 K 线中，该股在除权之后的反弹上涨过程中，一度在两条黄金分割均线附近遇到了强大的阻力作用，并且出现放量下跌的两条大阴线。显然，股价下跌的趋势不是在短时间内形成的，而是在30 日均线和 49 日均线附近盘整几日之后才开始下跌的，这样的下跌趋势是股价遇到阻力滞涨时的明显表现。持股的投资者见到股价未曾明显突破，应该提前减仓以降低持股风险。

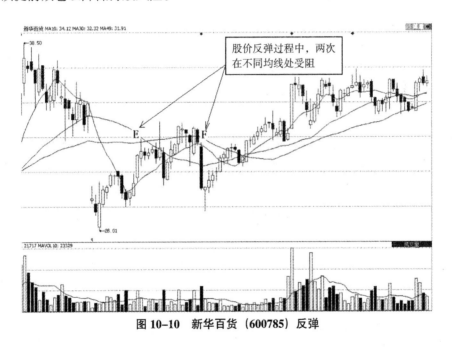

图 10-10　新华百货（600785）反弹

四、与 100 日均线相关的黄金分割均线实战策略

19 日、50 日、81 日移动平均线。

1. 下跌中寻找支撑位

如图 10-11 所示，在威远生化的日 K 线中，该股在大幅度震荡过程中下跌，看似没有规律可循，但是从黄金分割均线角度来看，却存在明显的规律。

细心的投资者可以从图中看出，股价在图中 G、H 位置的均线处出现了非常显著的反弹。为何股价的反弹如此凌厉呢？这是因为黄金分割均线的支

图 10-11　威远生化（600803）反弹

撑作用非常强大，股价才在 50 日均线、81 日均线处开始了快速的反弹行情。与 100 日均线相关的 19 日均线、50 日均线和 81 日均线显然能够在一定程度上左右股价的中短期走势，投资者对这种支撑作用应该早做准备，这样才能够在股价反弹前完成建仓，获得丰厚利润。

　　如图 10-12 所示，在中国高科的日 K 线中，这只股票再一次出现了图中所示的 H、I、J 三条反弹的均线。股价下跌到三个价位对应的 19 日均线、50 日均线和 81 日均线处就开始了反弹行情。显然，投资者如果能够在这三次机会中抓住任何一个，短期的投资收益都是非常丰厚的。股价下跌至 81 日均线时，显然已经成为股价最终再次上涨的转折点，这一次投资者持股后的获利更为丰厚。

　　2. 上涨中寻找压力位

　　如图 10-13 所示，在华北制药的日 K 线中，该股反弹过程中在图中 P、Q 位置受到了两次压力而下跌。而两次股价下跌的位置是 50 日和 81 日黄金分割均线所在的位置。股价在图中的 Q 点处受到了非常显著的压力而盘整了近一个月的时间，之后股价才从均线之上放量上涨，突破了均线的压制。

　　在这个例子中，股价在 81 日移动平均线处受到了如此明显的压制，显然这条均线的阻力作用是真实存在的，并不是凭空想象出来的。投资者如果

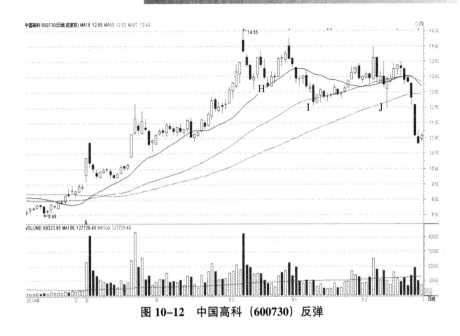

图 10-12 中国高科 (600730) 反弹

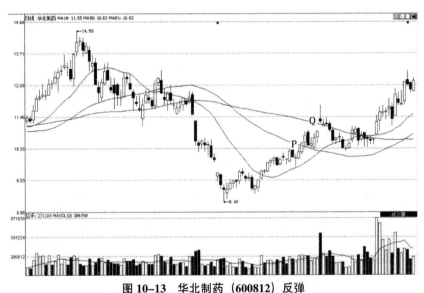

图 10-13 华北制药 (600812) 反弹

意识到这点，就应该在股价达到移动平均线时早做空仓的决定，这样才会有
利于今后的股票操作。

当面对黄金分割移动平均线的阻力作用时，投资者做出空仓的选择是比
较明智的。这样既不会掉进盘整或者下跌的陷阱中去，又可以操作其他个股

股票，赚取短线的利润，只有这样操作才能称得上是短线高手。

如图 10-14 所示，中路股份的日 K 线中，该股反弹过程中同样是受到了移动平均线的强大阻力作用，反弹过程一波三折，股价在均线之处不断受阻回落，然后又继续上涨。股价在 19 日均线处受阻时，下跌的幅度还不是很大，原因就是 19 日的计算周期还不是很长，股价突破相对容易，上涨时阻力也小得多。因此，股价在图中的 R 位置出现了小幅度的回调。

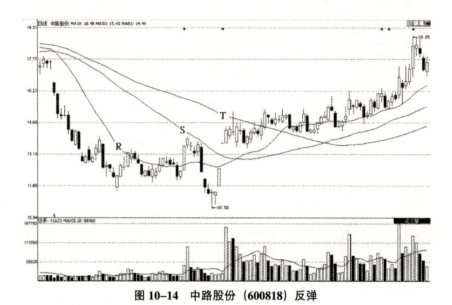

图 10-14　中路股份（600818）反弹

而 50 日均线对于股价的压力作用就比较大了，图中的 S 位置恰好就是股价开始大幅度破位下跌的开始，显示出黄金分割 50 日均线的阻力作用是非常大的。对于股价在均线之处猛烈下跌的情况，投资者要做的就是在到达均线压力位之前做出减仓的决定。在股价没有真正突破移动平均线之前，上涨是不太现实的。投资者应该提前预防股价下跌带来的不必要的投资损失。

38 日、62 日、100 日移动平均线。

1. 移动平均线的支撑作用

如图 10-15 所示，在世茂股份的日 K 线中，该股的上涨过程显然是受到了 38 日均线的强大支撑而不断创新高的。而在图中出现的股价创下 19.20元/股新高之后，股价又一次下跌至 38 日均线附近，而后就开始了小幅反弹上涨。

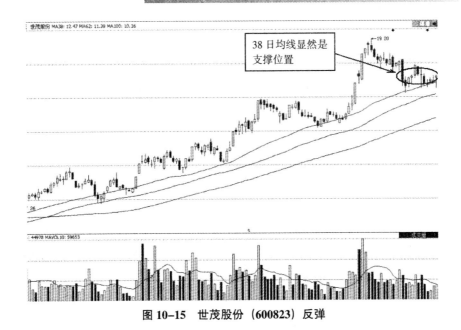

38 日均线显然是支撑位置

图 10-15　世茂股份（600823）反弹

这一次的上涨，涨幅虽然不是很大，但却应该在多数投资者预料当中，38 日均线对股价的支撑作用不会轻易消失。

如图 10-16 所示，在世茂股份的日 K 线中，股价一度连续跌破了两条移动平均线的支撑，一直到 100 日均线附近。100 日均线对于股价长期的上涨来说是非常重要的，股价在中期内是走熊还是走牛就要看能否站在 100 日均线之上了。

如图 10-17 所示，股价在 100 日均线处开始快速连续反弹，说明后市看涨的趋势还是没有发生根本的转变，投资者可以继续持股待涨。有一点投资者需要注意，就是股价短时间内反弹的幅度较大，能否真正站稳于三条移动平均线之上还要看股价今后的走势。如果在日 K 线中出现了非常明显的转向形态，那么后市上涨的行情有望进一步地打开。

如图 10-18 所示，世茂股份再一次跌破 100 日均线，不久就形成了具有支撑作用的长下影线日 K 线形态。显而易见的是，股价的上涨趋势又一次被确认。投资者在均线支撑作用显现之后，大举建仓买入股票是非常好的机会。今后股价上涨的空间可以再次放大投资者的收益，图中走势已经证明了这种说法。

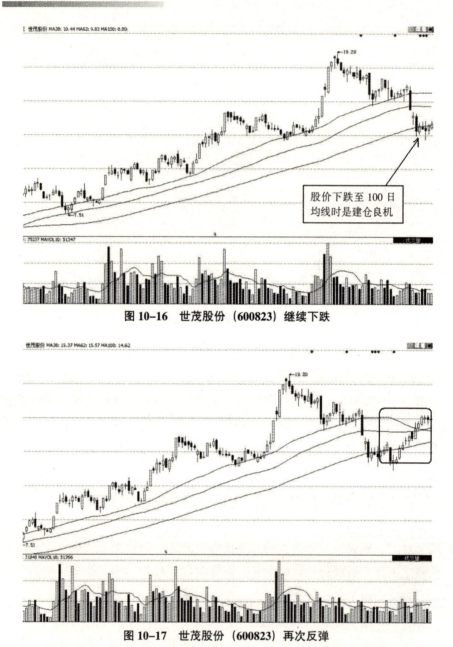

图 10-16　世茂股份（600823）继续下跌

图 10-17　世茂股份（600823）再次反弹

2. 移动平均线的阻力作用

　　如图 10-19 所示，在兰生股份的日 K 线中，该股在下跌过程中一度非常接近 38 日均线。但是因为该日均线压力巨大，股价随即开始快速回落。投资者在持股至 38 日均线时，显然是要减仓避险，否则会短时间内被套牢。

长下影线的 K 线形态，显然已经确认了上涨的趋势

图 10-18　世茂股份（600823）再次反弹

当然，自股价见顶回落以来，还没有出货的投资者应该想尽办法出货了。图中股价反弹至 38 日均线时就是出货的良机，此后股价下跌的趋势将会延续下去。

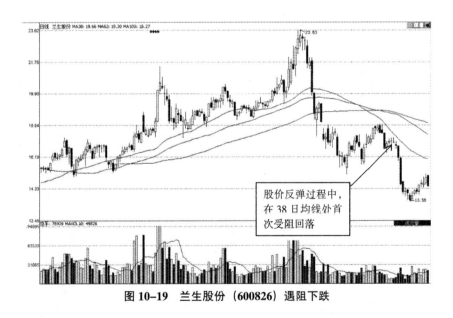

股价反弹过程中，在 38 日均线外首次受阻回落

图 10-19　兰生股份（600826）遇阻下跌

如图 10-20 所示，从兰生股份的日 K 线中可以看出，股价回落后不久就

开始了又一次的反攻。股价一度上涨到了 62 日均线和 100 日均线附近的震荡区域。为何股价会在这里震荡不前呢？其原因就是 100 日均线的压制作用太过强大，而 62 日均线的支撑力量又不够强大，所以才造成了股价短时间内不断震荡。

股价于 100 日均线处受到压力而下跌

股价于 62 日均线处受到支撑

图 10-20　兰生股份（600826）再次反弹

经过多空双方的竞争之后，该股顺利地放量突破了 100 日均线的束缚，开始暴涨，突破点就是投资者建仓的绝佳位置。

第十一章 指数平滑异同移动平均线指标——MACD

第一节 MACD 指标简介

一、初识指标

平滑异同移动平均线指标（MACD）是由杰拉德·阿佩尔发明的，它是建立在移动平均线基础上的指标，相比移动平均线迟缓的反应，MACD 可以在第一时间发出买卖的信号。从使用的效果上来说，MACD 比移动平均线更加灵敏。不仅如此，移动平均线在明确的趋势面前是十分奏效的，而在股价横盘整理时则经常发出错误的买卖信号。MACD 相比移动平均线，可以更及时地提供趋势变化的信息，又能够让投资者抓住买卖点位。可以说 MACD 指标是建立在移动平均线基础上而又高于移动平均线的指标，投资者可以充分利用这个指标来买卖股票。

二、计算方法

MACD 主要由三部分构成，即指数平滑移动平均线（EMA）、离差值（DIF）、离差平均值（DEA）。其中，离差值 DIF 是核心指标。离差值 DIF 可以通过快速移动平均线和慢速移动平均线的差值求得。而离差平均值 DEA 是离差值 DIF 的移动平均线。投资者可以通过分析 DEA 和 DIF 的相互关系来判断多空方向，进行买卖股票。除此之外，MACD 还有一个辅助指标——

柱状线（BAR），用于判断多空的强弱程度。BAR 是 DIF 和 DEA 相减所得的差值。

MACD 的计算过程：首先计算出快速指数平滑移动平均线 EMA1 和慢速指数移动平滑移动平均线 EMA2；其次以这两者的差值（DIF）为基础，计算出某一周期的 DEA 值；最后求出 DIF 和 DEA 的差值，就是柱状图 BAR 的数值。MACD 的大小就是通过柱状图 BAR 的大小反映出来的。在实际计算当中，通常选取 12 日和 26 日作为快速平滑指数移动平均线和慢速平滑指数移动平均线的计算周期，并且选取 9 日作为离差值 DIF 的计算周期。那么 MACD（12，26，9）就表示快速指数平滑移动平均线的计算周期为 12 日，慢速指数平滑移动平均线的计算周期为 26 日，离差值 DIF 的计算周期为 9 日。

MACD（12，26，9）计算的基本步骤如下：

1. 计算指数平滑移动平均线 EMA 值

12 日 EMA 数值为：EMA（12）= 2/13 × 当日收盘价 + 11/13 × 前一日的 EMA（12）值

26 日 EMA 数值为：EMA（26）= 2/27 × 当日收盘价 + 25/27 × 前一日的 EMA（26）值

2. 计算离差值 DIF

DIF = 当日 EMA（12）– 当日 EMA（26）

3. 计算 DIF 的 9 日平均值 DEA（9）

DEA（9）=（当日 DIF+前 8 日的 DIF 之和）/9

4. 计算离差值 DIF 的 9 日平滑移动平均线 DEA（9）值

DEA（9）= 2/10 × 当日 DIF 值 + 8/10 × 前 8 日 DEA 值

5. 计算 MACD 值

MACD = 当日 DIF – 当日 DEA

第二节　MACD 指标实战用法

一、运用策略

MACD 指标在运用上可以根据 DIF 相对于 DEA 变化、MACD 柱状图与 DIF 变化关系以及 DIF、DEA、MACD 形态变化判断买卖的时机。

第一，当 DIF 和 DEA 均大于零，说明市场属于多头市场，投资者可以在大部分时间里看多股价；若两者均小于零，说明市场属于空头市场，投资者可以在多数时间里看空股价。

第二，DIF 向上穿越 DEA。如果穿越发生在 DIF 和 DEA 都大于零时，则是买入的信号；若穿越发生在 DIF 和 DEA 都小于零时，则多数情况股价都处在下跌途中的反弹，时间不久又会恢复到下跌的状态中去。特别要指出的是，DIF 在零轴以下连续两次向上突破 DEA，说明市场可能不久就将转为上涨的行情。

第三，DIF 向下跌破 DEA。如果下跌发生在 DIF 和 DEA 都小于零时，则是卖出的信号；若下跌发生在 DIF 和 DEA 都大于零时，则多数情况都是股价在上涨途中的回调，时间不久股价又会开始上涨的。特别要指出的是，DIF 在零轴以上连续两次向下跌破 DEA，说明市场可能不久就将转为下跌的行情。

第四，DIF 底部背离情况。股价在下跌的过程中，连续两到三次都创出新低，但是 DIF 不出现新的低点反而逆势上涨，这时是底部背离，属于买入信号。底部背离的时间越长，背离的次数越多，买入的信号越准确。

第五，DIF 顶部背离情况。股价在上涨的过程中，连续两到三次都创出新高，但是 DIF 不出现新的高点反而逆势下跌，这时是顶部背离，属于卖出信号。顶部背离的时间越长，背离的次数越多，卖出的信号越准确。

第六，MACD 背离情况。股价下跌而 MACD 柱状图并没有下降，反而上升，此时为看多买入信号；股价上涨而 MACD 柱状图并没有上升，反而下降，此时为看空卖出信号。

第七，DIF 和 MACD 同步看涨情况。DIF 向上穿越 DEA，并且 MACD 也由负数转为正数，属于看多信号。特别是 DIF 在大于零时向上突破 DEA，看多的信号比较强烈。

第八，DIF 和 MACD 同步看跌情况。DIF 向下跌破 DEA，并且 MACD 也由正数转为负数，属于看空信号。特别是 DIF 在小于零时向下跌破 DEA，看空的信号比较强烈。

第九，股价整理时，指标失真情况。股价在横盘整理时，DIF 会经常地向上穿越 DEA 或者向下跌破 DEA，而 MACD 也经常在"绿柱子"和"红柱子"之间变化，这时候发出的买卖信号是非常不准确的。只有在持续的行情中，指标才足够准确。

二、实战技巧

1. 底部背离买点

背离可以分为底部背离和顶部背离。在价格上升到顶部的过程中，股价创出新高，而指标不增反降，这时就是顶部背离；在价格下跌到底部的过程中，股价创了新低，而指标不跌反涨，这时就是底部背离。

顶部和底部的背离几乎可以发生在所有的技术分析指标中，MACD 指标也不例外。股价在下跌时，MACD 指标不下降反而向上突破就是底部背离。指标在底部发生背离，说明股价的底部即将形成，投资者应该做好买股的准备。当然即使发生底部背离，投资者也应该等待股价底部真正形成之后再买入股票。因为很多时候在底部发生背离后，股价还会继续下跌，而且跌幅通常都是投资者难以承受的。

如图 11-1 所示，大商股份的熊市下跌趋势不断延续，没有一点儿见底回升的趋势。但是股价在再次创出新低 14.51 元/股之前，MACD 指标与股价的下跌趋势产生了显著的背离。股价缓慢地阴跌创出新低，MACD 指标却明显地上升，可见该股距离真正的底部已经不远了。

如图 11-2 所示，MACD 指标与股价的背离持续了近三个月。随着股价见底 14.51 元/股之后，该股出现了反弹的行情。随后 MACD 指标也不再背离，而是与股价形成同涨同落的运行趋势。

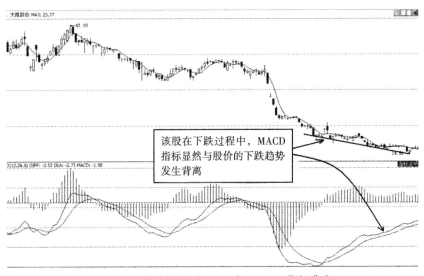

图 11-1　大商股份（600694）MACD 指标背离

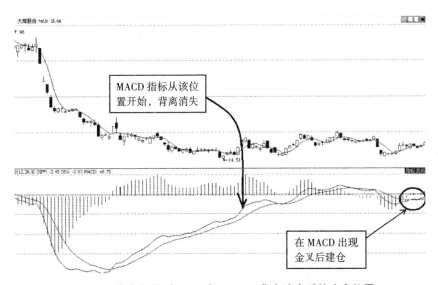

图 11-2　大商股份（600694）MACD 背离消失后的建仓位置

　　显然，股价上涨之时就是 MACD 背离消失之日。在指标与股价的背离消失之后，股价的运行方向就发生改变了。投资者建仓的机会就出现在图中 MACD 指标形成金叉时（同时也是股价回调后上涨的初期）。后市，该股有望在金叉出现之后迎来一轮快速的反转行情。

　　如图 11-3 所示，在大商股份的日 K 线中，该股在 MACD 指标出现金叉之后果然不负众望，一举突破前期整理的平台，创出反弹新高。可见，MACD 指标在股价下跌中的背离形态为投资者提供了良好的建仓时机。

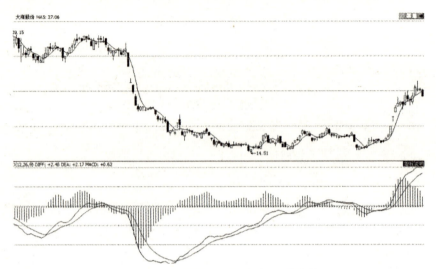

图 11-3　大商股份（600694）后续走势

如图 11-4 所示，在 ST 金瑞的日 K 线中，在股价下跌的趋势不断加强的时候，MACD 指标已经出现了非常明显的背离现象。该股在图中 E、F 位置价位对应的 MACD 指标数值显然是前低后高，在指标与股价发生背离后，该股有望迎来一轮大的反弹行情。

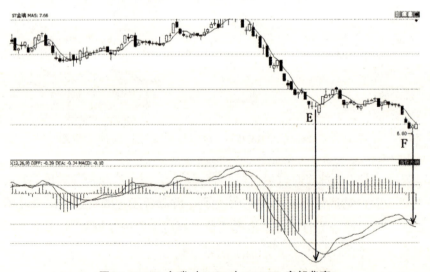

图 11-4　ST 金瑞（600714）MACD 底部背离

如图 11-5 所示，ST 金瑞在背离反弹的时候，MACD 指标已经出现了非常明显的金叉。出现在背离之后的金叉，本身就是指标和股价共同上升而表现出的一种买入机会，投资者可以大胆建仓以抓住难得的上涨机会。

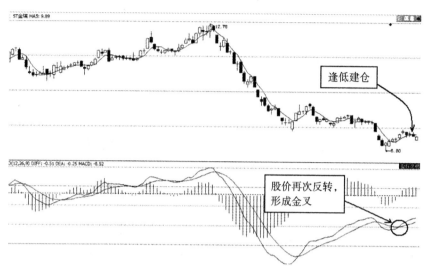

图 11-5　ST 金瑞（600714）MACD 底部背离后买入点

如图 11-6 所示，ST 金瑞在 MACD 指标出现金叉之后，股价的上涨就一浪高过一浪。该股仅用了半个月的时间就上涨了 40%，抓住这次反弹行情的投资者，其短线盈利还是比较丰厚的。

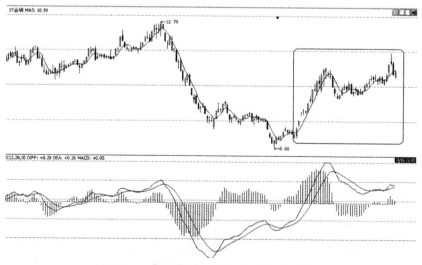

图 11-6　ST 金瑞（600714）日 K 线走势

2. 底部金叉买点

MACD 的金叉形态发生在股价反转的初期，DIF 曲线从下向上穿越 DEA 曲线，若 DIF 顺利穿越 DEA，就形成了股价反转的金叉形态。从 DIF 曲线和 DEA 曲线所处的位置来看，金叉反转可以分为零轴以下的金叉、零轴附近的金叉和零轴以上的金叉。

第一，零轴以下的金叉形态。MACD 在零轴以下出现金叉形态，是弱势当中出现的金叉，反映了股价在下跌过程中反弹后出现的黄金交叉，并不一定表明股价会改变下跌的方向。但是如果连续出现两次黄金交叉，或者是 DEA 线在第二次接近 DIF 后形成金叉，情况就大不一样了。股价很可能在金叉形成之后迎来最新的上涨阶段。

如图 11-7 所示，在凤凰股份的日 K 线中，股价不断下跌而 DEA 线已经在股价出现小幅反弹时靠近了 DIF 线，股价的跌势有望进一步缓解，投资者应该密切关注该股近阶段的走势，以免错过了建仓时机。

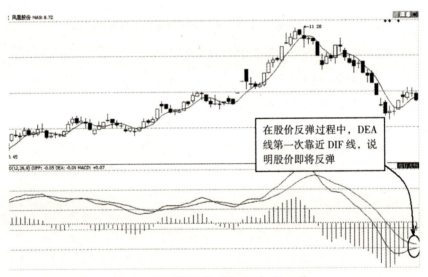

在股价反弹过程中，DEA 线第一次靠近 DIF 线，说明股价即将反弹

图 11-7　凤凰股份（600716）日 K 线

如图 11-8 所示，凤凰股份的趋势逐渐趋缓，而且出现了 DEA 穿越 DIF 的金叉形态。之前 DEA 线靠近 DIF 线显然是为金叉之后买入股票做了铺垫。DEA 线能够在股价第二次的反弹中继续靠近 DIF，并且形成了非常显著的金叉形态，投资者此时买入股票的盈利机会就大得多了。没有哪一个市场是只

跌不涨的，特别是在酝酿已久的金叉出现之后。

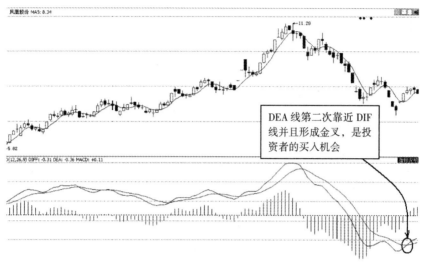

> DEA 线第二次靠近 DIF 线并且形成金叉，是投资者的买入机会

图 11-8　凤凰股份（600716）MACD 零轴以下的金叉

如图 11-9 所示，MACD 金叉首次出现后显然是投资者买入股票的好机会，股价在之后就沿着趋势开始了短暂的反弹。而反弹之后，在股价震荡的过程中 MACD 于图中 C、D 位置出现的金叉也可以作为投资者短线建仓的良机。

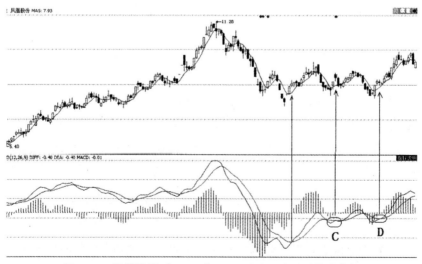

图 11-9　凤凰股份（600716）MACD 金叉出现后股价走势

第二，零轴附近的金叉。股价上涨过程中，途中小幅度的下跌通常都会造成 MACD 指标向下，当 DIF 曲线处于零轴附近时，其从下向上穿越 DEA 曲线就形成了零轴附近的黄金交叉。零轴附近的金叉通常都是买入股票的最佳机会。

如图 11-10 所示，在东软集团的日 K 线中，股价的上涨不急不缓地进行着。突然间出现的下跌调整使 MACD 指标短时间内跌至零轴以下。随后 MACD 指标随着股价反弹形成金叉，这是一个不错的买入机会。在金叉出现之后，股价必然会迎来新一轮的上升行情。

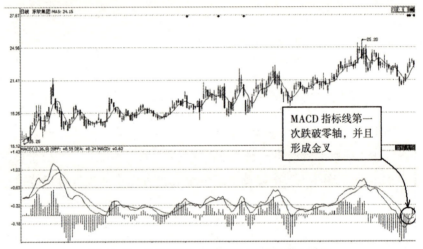

MACD 指标线第一次跌破零轴，并且形成金叉

图 11-10　东软集团（600718）下跌后买入时机

如图 11-11 所示，在东软集团的日 K 线中，MACD 金叉出现之后股价经历了一轮新的快速反弹行情。这种短时间内大幅上涨的行情对于短线投资者来说尤其有利。金叉买入后，投资者的短线收益将是相当丰厚的。

如图 11-12 所示，从祁连山的日 K 线中可以看出，该股在下跌企稳之后出现了一波明显的反弹行情，但是股价的上涨幅度并不大。MACD 指标线也上冲到了零轴附近，但是没有形成有效的突破。

图中显示股价在第二次回调之后，开始了快速的反弹行情，MACD 指标金叉形态证明了这次反弹行情将是比较大的行情。而 5 日均线靠近 30 日均线即将形成均线金叉，也说明投资者在这个时候建仓是个不错的选择。

如图 11-13 所示，在祁连山的日 K 线中，该股在 MACD 出现金叉后的

图 11-11　东软集团（600718）金叉之后股价快速反弹

图 11-12　祁连山（600720）日 K 线

一两天内，5 日均线就与 30 日均线形成金叉，股价从此开始大幅度的反转。在短短三个月的时间中上涨幅度超过了 100%，可以说是一只牛股的走势。

第三，零轴以上的金叉。股价在长期上涨过程中，出现短时间的回调，MACD 指标曲线 DIF 和 DEA 也跟着向下回调。但股价调整时间并不长，之后股价又开始反弹。这时候 DIF 和 DEA 曲线也只是略微调整就形成了黄金交叉（DIF 曲线由下向上穿越 DEA 曲线）。出现金叉后，投资者可以买入股票等待股价上涨，持股的投资者也可以继续持股。

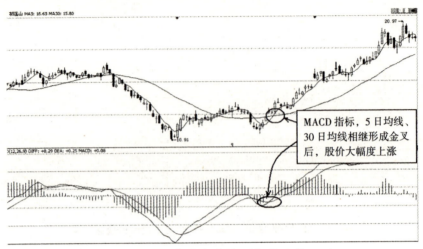

图 11-13　祁连山（600720）日 K 线

如图 11-14 所示，在上海新梅的日 K 线中，股价的上涨趋势虽然不大，但是却能够长时间沿着趋势向上移动。显然，在股价每一次小幅调整到 30日线附近时，投资者利用 MACD 指标形成金叉的时机建仓都是很不错的选择。投资者在运作这只股票过程中，获得一定的短线收益还是比较现实的。

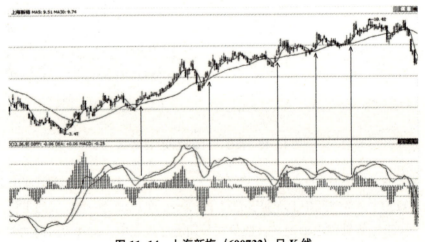

图 11-14　上海新梅（600732）日 K 线

如图 11-15 所示，天津港的日 K 线运行趋势显得比较缓慢，在上涨过程中波动幅度非常小，但是股价的趋势却是比较好的，能够长时间内延续上

升的趋势，不出现较大的回调。对于这种股票，投资者可以在 MACD 指标
出现金叉，且股价出现反弹时开始建仓，日后收益必然是有保障的。

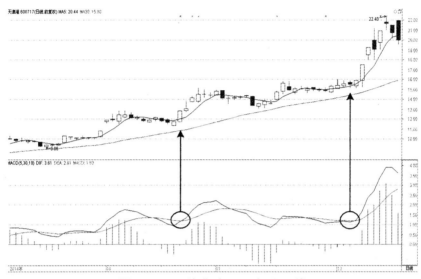

图 11-15　天津港（600717）日 K 线

只是对于这种上涨趋势不大的股票，短线利润可能会稍微少些。长时间
持股，投资者还是有利可图的。

3. 顶部死叉卖点

在股价高位见顶下跌前，从 MACD 和股价的关系来看，MACD 会首先出
现指标的背离现象。背离的时候，股价上涨而指标已经开始下跌。股价真的
见顶回落之后，MACD 指标就会出现非常显著的死叉形态。这个时候，投资
者坚决止损或者止盈出局就显得十分必要了。市场是千变万化的，在股价下
跌信号出现之后，不尽快离场会面临很大的投资风险。

如图 11-16 所示，从 ST 东盛的日 K 线中可以看出，该股的上涨趋势虽
然比较大，但是多头占据主导地位的趋势中隐含着股价下跌的征兆。图中显
示股价在创出新高 9.52 元/股的时候，对应的 MACD 指标却没有出现新高点，
而是不断地回撤，出现了顶部的背离形态。这时候的上涨显然隐藏着巨大的
投资风险，投资操作一定是以减少仓位为好。

果然不出所料，股价在创出新高 9.52 元/股之后的第二天就开始下跌，
并且 MACD 出现非常明显的死叉形态，出货已经是投资者必然的选择。

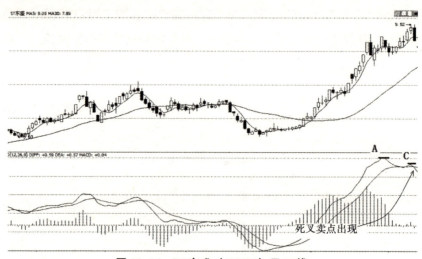

图 11-16　ST 东盛（600771）日 K 线

如图 11-17 所示，在 MACD 指标先后出现背离和死叉之后，股价就像瀑布一般狂泻下来。股价在转瞬间就跌去了一半，至最低 4.91 元/股。面对 MACD 指标顶部死叉，投资者显然是以出货避险为好，否则今后的损失就会非常大。股价可以利用半年的时间达到翻倍上涨的效果，并且也可以利用一个月的时间达到折腰下跌的程度，因此在真正的风险出现前，择机避险是比较好的选择。

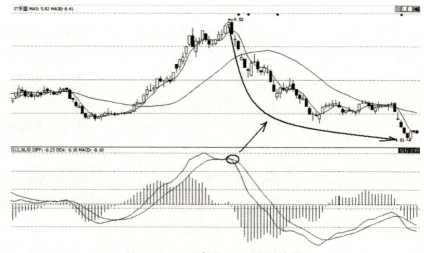

图 11-17　ST 东盛死叉后股价走势

利用 MACD 指标卖出股票的机会是很多的，在下跌前可以察觉到卖点，即使投资者在股价下跌前和跌势的初期都没有卖出股票，一般在今后还是有机会出货的。

如图 11-18 所示，在大恒科技的日 K 线中，股价见顶时，MACD 指标在股价跳空下跌形成大阴线时，出现了非常显著的死叉形态。显然股价见顶回落的走势即将出现，减仓或者将筹码全部出售可以使投资者保住大部分的利润，避免损失。

图 11-18　大恒科技（600288）第一次出货时机

如图 11-19 所示，投资者又有了再次出货的机会。图中 MACD 指标从零轴下方再次反转回到零轴上方，这恰是投资者出货的大好时机。

如图 11-20 所示，大恒科技的第三次出货机会出现了。股价下跌之后出现了长时间的缓慢上涨，在上涨趋势中还创下了 11.86 元/股的新高。此时对应的 MACD 指标如何呢？相比图中 G 点对应的股价，MACD 指标在同一时刻的 H 点并没有出现新高。显然 MACD 已经与股价背离了，投资者出货也是理所应当的。

对于以上三次的出货机会，只要有一次机会能够把握住，投资者的损失就不会很大。

如图 11-21 所示，在以上的三次出货机会之后，大恒科技的下跌趋势就开始了。在图中显示的下跌过程中，投资者很少有机会出货。

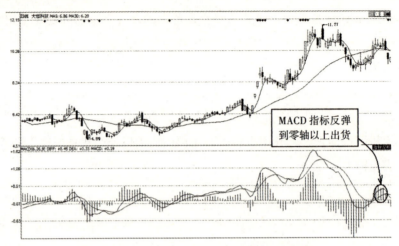

图 11-19　大恒科技（600288）第二次出货时机

图 11-20　大恒科技（600288）第三次出货时机

图 11-21　大恒科技（600288）后期走势

第三节　注意事项

在实盘交易当中，MACD 指标在很多时候所起的作用都是比较大的，但是它也存在着非常明显的缺点和不宜操纵之处。

第一，鉴于 MACD 更倾向于中长线投资者进行买卖点位选择，短期内股价的涨跌状况是很难预测的。尤其在趋势不太明朗的波动状态或者是横盘整理的过程中，即使 MACD 指标发出了相应的买卖信号，投资者如果依照指标来进行买卖操作，很有可能只有微薄的利润甚至还会出现一些亏损。

如图 11-22 所示，在南京中商的日 K 线中，股价的频繁缓慢波动使得 MACD 指标也不断地发出相应的买卖信号。而当买卖信号出现时，对应的股价波动范围却相当小。显然，如果投资者根据这些金叉、死叉买卖信号来做短线获利将是非常有限的，甚至还可能出现一些损失。

第二，在股价剧烈波动时，MACD 的变化又相当缓慢，不能够及时对行情做出相应的反应。特别是在股价见顶回落时，MACD 即使做出相应的反应，卖点也可能早已经出现过。如果投资者在指标有所表现之后再出货，那么损失就会很大。

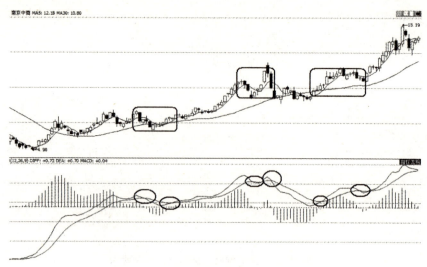

图 11-22　南京中商（600280）日 K 线

如图 11-23 所示，钱江水利在见顶 13.96 元/股之后，立即出现了快速下跌的行情。如果投资者借助 MACD 指标来进行出货操作，显然是不现实的。图中显示在股价连续下跌五天之后，MACD 才出现了死叉形态，这时候卖出股票不可避免地要少盈利或者遭受一些损失了。

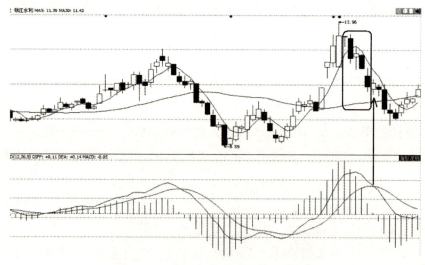

图 11-23　钱江水利（600283）日 K 线

针对第一种情况，投资者可以在股价波动比较频繁或者震荡整理的行情中，不使用 MACD 指标进行买卖操作，以规避潜在的投资风险。

针对第二种情况，投资者可以借助修改指标参数的方法来提高 MACD 指标的灵敏度，以提前预知潜在的投资风险，避免在股价高位套牢。例如，将 MACD 指标参数由原来的 MACD（12，26，9）修改为 MACD（6，13，5），这样一来该指标会敏捷一些，使投资者免于被套牢。

如图 11-24 所示，从钱江水利的日 K 线中可以看出，在该股见顶下跌的第三天收盘前，投资者就可以发现 MACD 死叉的存在。显然这时候卖出股票可以避免因拖延而带来的更大亏损。为何 MACD 指标能够提前发出出货信号呢？因为 MACD 指标的数值由 MACD（12，26，9）修改为 MACD（6，13，5），该指标才提前发出卖出信号。

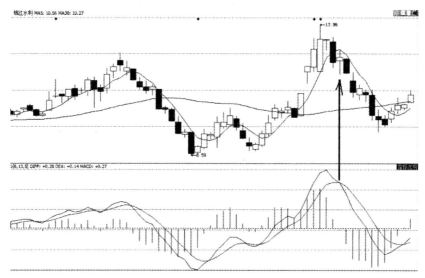

图 11-24　钱江水利（600283）日 K 线

第十二章　乖离率指标——BIAS

第一节　BIAS 指标简介

一、初识指标

　　股价涨跌变化是有一定限度的，连续上涨或者是下跌都是不可能长久持续的。不断下跌股价必然会造成大部分散户盈利减少甚至亏损，这一定是投资者不愿意看到的情形。亏损之后，投资者一定不会坐以待毙，主动止损出局会是很多恐惧亏损的投资者的选择；但是也会有一些投资者拒绝亏损，不仅不出货，相反继续买入股票来摊低持仓成本。股价究竟能否在跌势中企稳回升呢？答案当然是肯定的。

　　同样地，在股价上涨的过程中，获利盘会不断地积累，多空双方的力量也会发生微妙的变化，当空方的力量超过多方的力量时，股价下跌的过程也就展开了。

　　市场是公平的，没有只跌不涨的股票，投资者出货现象不断减少的过程就是股价企稳回升的过程。股价能够在多头不断膨胀的市场中上涨，这是市场的正常反应。事实上，没有过度上涨的股票，反弹是经常可以看到的。如何来衡量股价上涨的潜力呢？使用乖离率指标就能够做到这一点。所谓"物极必反"，在股市中同样适用。股价过度涨跌的过程会在乖离率指标当中表现得非常显著，乖离率指标见顶回落或者见底反弹的过程就是趋势反转的过程。

简单地说，乖离率指标就是用来测量股价与移动平均线之间偏离程度的指标。通过该指标，投资者可以对移动平均线的偏离程度有一个更加清晰的认识。股价在上涨或者下跌的过程中，趋势得到不断延续的可能性是很大的，但是当股价偏离移动平均线过大时，都会有反弹的必要。乖离率指标从大到小的反向变化过程就是股价回调的过程。

二、计算方法

BIAS＝（收盘价－N日收盘价的平均数)/N日收盘价的平均数×100

在应用乖离率指标的时候，经常使用的指标时间参数有6日、12日和24日，或者5日、10日、30日。这两种参数组合在实战中都是比较常用的。

第二节　BIAS指标实战用法

一、乖离率正负

乖离率是反映股价偏离均线程度的指标，偏离的大小也有正负之分，股价处于均线之上，乖离率大于零；股价处于均线之下，乖离率小于零。大于零的乖离率表示多头的力量占据很强的优势，股价连续上涨之后，乖离率不断攀上新高，股价继续上升就会遇到空方强大的阻力作用而下跌。与此相反，乖离率小于零说明股价随时有可能在投资者回补的时候出现反弹的行情。

过大或者过小的乖离率何时能够反转，就要看股价运行趋势的大小了。如果股价涨跌趋势很大，则乖离率在很长时间内可能都不会发生明显的反转。一般来讲，投机性较强的股票，其股价运行的趋势性更强一些，反转需要的时间就比较长。

二、乖离率曲线形态

BIAS曲线与均线的变化是有很多相似之处的。股价见顶时，均线会在股价震荡下跌的过程中形成一系列的顶部形态，如双头形态、三重顶形态等。见顶形态也同样在 BIAS 中出现。在熊市当中，BIAS 曲线会出现双重底和三重底形态。这些都是股价见底的信号，投资者如果能够尽早发现，对于准确掌握买卖价位是非常有用的。

1. BIAS 双头

在上涨的趋势没有出现真正反转之前，股价在顶部大幅度波动是经常见到的。股价大幅度的波动会对 BIAS 短期曲线产生最直接的影响，使 BIAS 曲线不再延续上涨的趋势，而是形成前后高度相似的双头形态。双头形态出现之后，股价连续破位下跌。

如图 12-1 所示，在狮头股份的日 K 线中，股价虽然涨势不高，但是 BIAS 经过了长时间的横盘震荡而创下新高。但是好景不长，随后该指标又出现了另外一个高位的顶部。两个显著的高位形成双头形态后，投资者要尽早卖出股票，这样才可以避免股价下跌带来的损失。

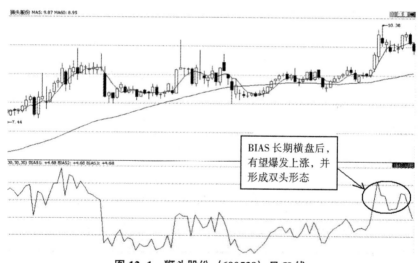

BIAS 长期横盘后，有望爆发上涨，并形成双头形态

图 12-1　狮头股份（600539）日 K 线

如图 12-2 所示，狮头股份在 BIAS 指标出现双头形态之后，股价出现了非常大的跌幅。双顶形态之所以效果显著，同当时指数的走势是分不开的。该股与指数的下跌过程是一致的，投资者如果能够将两者结合起来加以判断，一定会提前见机完成出货动作。

图 12-2　狮头股份（600539）日 K 线

2. BIAS 三重顶

股价见顶回落前，BIAS 指标出现三重顶形态，这是下跌前比较明显的信号。信号一旦出现，即使不出现大跌，短暂的下跌也是会出现的。BIAS 指标能够形成三重顶形态，是股价滞涨的显著表现。股价临近下跌前，多空双方一定会有一次比较大的较量。看多一方的投资者中由于在持股过程中获利丰厚，因此在股价冲高过程中会兑现利润。随着看多投资者加入到空方大军之中，股价也就逐渐失去了上涨的动力。

如图 12-3 所示，从彩虹股份的日 K 线图中可以看出，该股虽然连续震荡走高，但是从 BIAS 曲线上看，显然已经"力不从心"了。图中三个高位股价分别对应 BIAS 曲线 A、B、C 三个位置，这是一个非常明显的三重顶形态。在 C 处顶部出现之后，股价已经下跌到了三重顶部的颈线以下。在颈线的压力下，股价没有出现任何的反弹就跌了下去。投资者在这个时候出货将是非常明智的，以后股价下跌的风险就与投资者毫不相关。

如图 12-4 所示，彩虹股份在三重顶的重压之下，开始大幅度地下挫，失去出货机会的投资者一定会遭受可怕的投资损失。因此，投资者应该认识到三重顶部的危险信号，避免高位持股是投资者明智的选择。

图 12-3　彩虹股份（600707）日 K 线

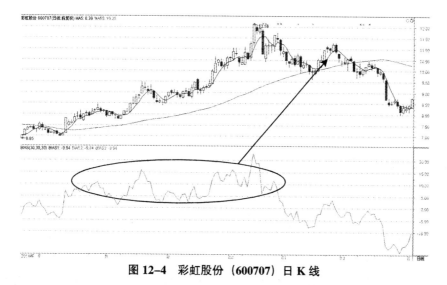

图 12-4　彩虹股份（600707）日 K 线

3. BIAS 双底形态

在形成 BIAS 双底形态之前，股价下跌的幅度已经非常大了。在股价超跌之后，持币的投资者逐渐看多，并且趁机抄底。而套牢的投资者也在底部买入股票，以此摊低持仓成本。这样就在股价长期下跌的趋势当中，出现了久违的反弹行情。但是反弹的幅度不大，持续的时间也不是很长，股价在空方的再次打压下又一次续跌。这时候 BIAS 指标就相应地出现了一个反弹的底部。在第二次的小反弹中，BIAS 指标也出现了第二个底部形态。两个相差不多的底部形成了 BIAS 的双底形态，股价上涨的趋势即将展开。

如图 12-5 所示，在航空动力的日 K 线中，股价于下跌过程中连续创下了两个新低。从乖离率指标上来看，形成两个非常明显的底部形态。在股价下跌过程中，除了很大的熊市以外，调整是很常见的。BIAS 指标出现两个底部形态，这显然是投资者建仓的大好时机。

图 12-5　航空动力（600893）日 K 线

如图 12-6 所示，在航空动力的日 K 线中，该股经过短时间的调整，股价涨到了 33.12 元/股的新高。由此可见，双底部 BIAS 曲线给投资者预示了这个不错的投资机会，股价最终顺利地实现了上涨。

4. BIAS 三重底

BIAS 三重底的形成过程相比双底要复杂一些，但底部的确认却是相当有意义的。股价一旦上涨，反转的趋势将是确定无疑的。在形成三重底之后，如果有成交量配合股价上涨，那么更能够说明多方的能量是比较大的。因为 BIAS 指标只是说明股价偏离均线的程度，而不能够说明多空双方力量的对比情况。而成交量在股价反转上涨或者是下跌当中出现大的变化，恰好能够说明投资者对后市的看法。成交量与 BIAS 指标结合起来使用，能够弥补各自的不足，使投资者的判断方向更为准确。

图 12-6 航空动力（600893）日 K 线

如图 12-7 所示，在中华企业的日 K 线中，该股的下跌过程可谓一波三折。震荡走低的股价走势却未表现在 BIAS 指标曲线上。相反的是，BIAS 曲线还出现了图中所示的 B、C、D 三重底部形态。显然，三重底形态是投资者建仓的大好时机。股价在图中所示的位置突破三重底部的颈线之后，有望出现快速反转的行情。投资者可以在这个突破位置上买入股票，后市收益将

图 12-7 中华企业（600675）日 K 线

是非常可观的。

如图 12-8 所示，中华企业正如预料的那样顺利地上涨了。从图中可以明显地看出，该股在上涨之前，从 BIAS 指标来看，继续在三重底的颈线之上横盘了许久才上涨，这说明三重底确实为投资者买入股票提供了很好的点位。

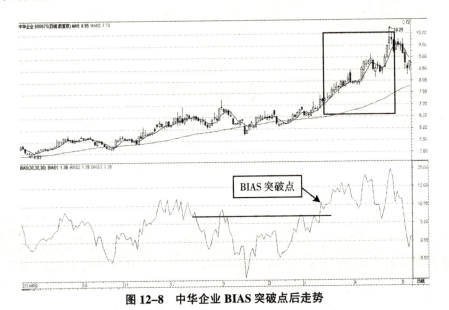

图 12-8　中华企业 BIAS 突破点后走势

三、乖离率与股价关系

1. BIAS 与股价同步上涨

股价上涨，BIAS 指标也相应上涨，并且股价和 BIAS 指标都处于相对的低位，这说明后市是看涨的，投资者可以买入股票。股价和 BIAS 指标同步上涨说明了市场上升的势头良好，股价上涨已是大势所趋。

如图 12-9 所示，从四川路桥的日 K 线中可以看出，在股价从低位开始反弹的过程中，乖离率指标也从零轴以下开始缓慢上行。该股之所以能够连续创新高，从股价与乖离率指标的配合上也可以分析出来。事实上，能够大涨的股票，股价的走势和指标的表现会更加完美，这个例子就是很好的证明。

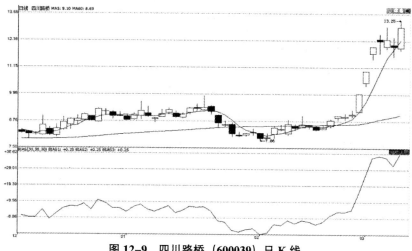

图 12-9　四川路桥（600039）日 K 线

2. BIAS 与股价同步下跌

BIAS 指标与股价同时出现下跌的情况，说明市场看空已经是今后的大趋势，投资者不可逆市做多，否则将有被套牢的风险。后市一旦股价开始下跌，投资者应该尽快将手中的股票出尽才是。如果判断是短时间回调行情，可以减少一部分仓位，待后市股价企稳之后再买入股票。

如图 12-10 所示，从莱钢股份的日 K 线中可以看出，该股在 2010 年的 2 月 24 日出现了非常明显的放量现象，高达 4.3 倍的成交量和 33% 的巨大换手率，使该股大幅度下挫 5.36%。5.36% 的跌幅对于其他股票可能不算什么，而对于股价本来就不是很高的钢铁股来说，跌幅显然已经很大了。

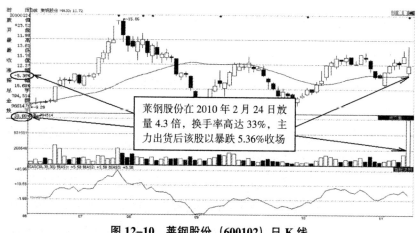

莱钢股份在 2010 年 2 月 24 日放量 4.3 倍，换手率高达 33%，主力出货后该股以暴跌 5.36% 收场

图 12-10　莱钢股份（600102）日 K 线

在日 K 线中，该股放量下跌之后出现了非常明显的长上影线的倒锤头形状。这种形态出现在股价的高位，对该股今后的走势将是一种立竿见影的冲击，股价在后市走弱将是不可避免的事情。

如图 12-11 所示，莱钢股份在出现放量下跌的倒锤头 K 线形态之后，股价下跌的趋势在很长一段时间内都没有停止过。与 BIAS 指标的弱势下跌趋势相同的是股价长期阴跌不止的大趋势。股价与 BIAS 指标下跌趋势配合得如此默契，这说明市场长期下跌的走势已经十分明确。图中显示出该股下跌时间超过了 3 个月，投资者若提早意识到这种弱势情况，并且完成出货的动作，就会避免这种亏损的状态。

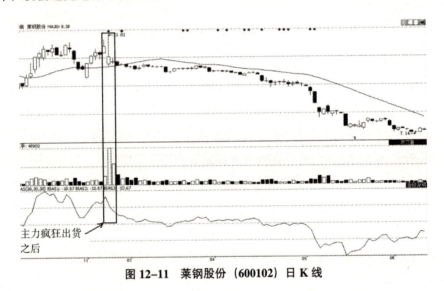

图 12-11　莱钢股份（600102）日 K 线

3. BIAS 与股价底部背离

股价在下跌过程中出现过大的跌幅之后，即使还未出现反弹行情，其指标也不会长时间延续下跌趋势。BIAS 在股价下跌过程中反弹，就是一种在股价见底过程中的背离现象。BIAS 指标与股价出现底部背离之后，虽然股价不会立刻反转，但是反转一定会在不久之后发生。当股价出现反转时，背离消失，BIAS 指标与股价同步上涨。

如图 12-12 所示，从华东电脑的日 K 线中可以看出，该股自从跌破了60 日均线之后，就出现了非常明显的最低价格几乎相同的底部形态。对比图中 E、F 位置的两个底部价位，该股对应的 BIAS 曲线却出现了两个抬高的底部 G、H。该股股价还没有出现底部抬高的上涨势头，而 BIAS 曲线率先走出跌势当中，这说明两者已经出现了背离现象。股价与指标背离的现象，意味着股价可以看高一线，投资者应该顺势建仓。

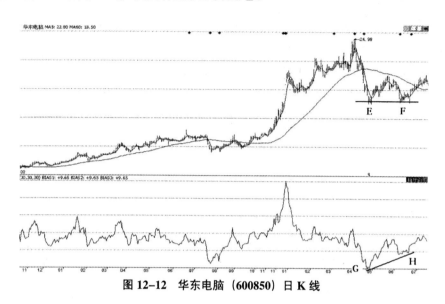

图 12-12　华东电脑（600850）日 K 线

如图 12-13 所示，从华东电脑的日 K 线中可以清楚地看到，该股出现底部背离之后，股价的确出现非常显著的反弹行情。投资者可以借助这次底部的背离形态，抓住千载难逢的买入机会，获得不错的投资回报。

图 12-13　华东电脑（600850）日 K 线

如图 12-14 所示，从银座股份的日 K 线中可以看出，股价的下跌过程在很长一段时间里被不断地延续下去。细心的投资者却可以从 BIAS 指标当中发现股价上涨的希望。BIAS 指标在股价下跌过程中，出现了非常鲜见的三个被不断抬高的底部。由此可见，股价与 BIAS 指标的背离已经出现了。背离发生之后，股价一定会在今后的某一点开始上涨的趋势，这只是时间问题。股价真正上涨之时，就是 BIAS 指标站稳零轴线之日。

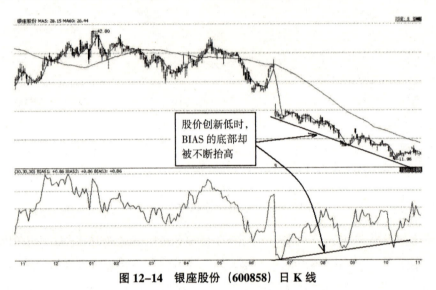

图 12-14　银座股份（600858）日 K 线

如图 12-15 所示，银座股份的 BIAS 指标背离形态的确提示了投资者股价即将见底回升的趋势。图中显示在 BIAS 指标被抬高的过程中，股价很快地见底回升，对应的 BIAS 指标也一举站在了零轴线以上，这证明该股上涨趋势已经不可逆转了。

4. BIAS 与股价顶部背离

股价疯狂上涨的时候，在投资者追涨的作用下，股价会不断地被抬高。但飙涨的背后是 BIAS 指标与股价发生顶部背离，背离之后股价还能继续上涨吗？上升的势头短时间内是不会停止的，但指标与股价长期维持背离状态也是不现实的。股价何时会出现反转行情，就要看多方力量何时会向空方倾斜。当空方抛售的压力使得多方无法承受时，BIAS 指标与股价的背离也就消失了，指标会与股价同时进入下跌的趋势当中，真正的顶部反转也就到来了。

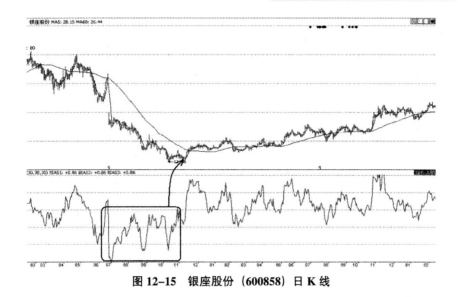

图 12-15　银座股份（600858）日 K 线

如图 12-16 所示，像大成股份这种出现 BIAS 指标与股价发生顶部背离是经常可以见到的。股价在弱势中维持上涨的趋势，但是从 BIAS 指标上来看却没有出现对应的新高。那么股价的上涨如何才能够解释得通呢？唯一的理由就是：股价即将见顶，不停的震荡只是为未见顶"造势"而已。减仓或者出清股票是投资者不错的选择。

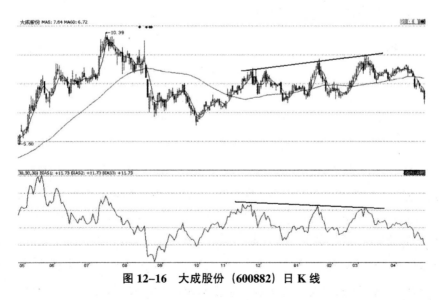

图 12-16　大成股份（600882）日 K 线

如图 12-17 所示，大成股份在弱势震荡之后，出现了破位下跌的情况。

这一次的破位下跌是在主力图谋已久的出货后出现的股价走势，而高位震荡后背离的形态显然已经提前告知我们潜在的投资风险。如果投资者能够提前减仓或者出货，就会避免一场有惊无险的"灾难"。

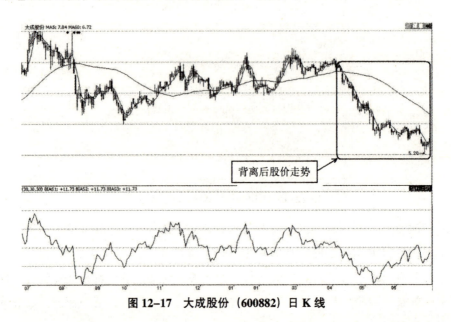

图 12-17　大成股份（600882）日 K 线

四、乖离率曲线交叉形态

因计算方面的原因，乖离率指标在股价转变方向的时候，变化趋势与其他指标有些不同之处。使用长期数值计算得出的 BIAS 数值先于使用短期数值计算得出的 BIAS，在 BIAS 曲线的变化速度方面，长期的 BIAS 指标会率先发出买卖的信号，短期 BIAS 指标的变化速度要比长期的 BIAS 数值慢得多。

1. BIAS 死叉

股价在上涨冲顶的过程中，长期的 BIAS 一定会走在中短期 BIAS 的前边，这样才是真正的股价上升趋势。而当 BIAS 见顶回落，并且长期 BIAS 曲线与中短期 BIAS 曲线形成死叉之后，股价下跌的趋势也就开始启动了。特别是在股价经历了翻倍上涨，并且 BIAS 也达到 15 以上的高位，之后长期 BIAS 曲线与中短期 BIAS 曲线在高位形成死叉形态，而且中期 BIAS 曲线也与短期 BIAS 曲线形成死叉形态，此时股价下跌的趋势基本上可以确定了。BIAS 曲线连续出现两个死叉形态，股价中长期下跌趋势也就形成了，投资者越早卖出股票，获得的收益越大。

如图 12-18 所示，从中华企业的日 K 线中可以看出，该股在下跌过程中已经经历了过长时间的横盘整理。BIAS 指标也处于横盘之中，没有任何上涨或者下跌的迹象。

图 12-18　中华企业（600649）日 K 线

最终，股价在跌破 30 日均线之后，BIAS（30）与 BIAS（5）形成了死叉形态，投资者出货的时机已经到来，后市股价持续下跌的行情有望出现。

如图 12-19 所示，宁波热电的股价在出现 BIAS 死叉之后，下跌趋势就一直没有停止过。可见死叉对于股价下跌的趋势预见作用还是非常明显的，特别是在股价处于横盘之中，且 BIAS 指标也处于横盘之中的时候，一旦下跌的趋势形成，跌势将一去不复返。

2. BIAS 金叉

在股价反转上涨之前，短期 BIAS 曲线会与中长期 BIAS 曲线形成金叉形态，这是股价上涨的明显信号。在股价下跌的过程中，BIAS 曲线从上到下的排列顺序是短期、中期、长期曲线。一旦下跌的趋势结束，股价开始反转向上，长期 BIAS 曲线会率先发力上涨，而中短期 BIAS 曲线会在趋势逐渐明确的时候，也进入到上升趋势当中。这样长期 BIAS 曲线与中短期 BIAS 曲线形成了金叉形态。而在趋势进一步确认之后，中期 BIAS 曲线同样会与短期 BIAS 曲线形成金叉形态，投资者买入股票的时机也就进一步确认了。

图 12-19　宁波热电（600982）日 K 线

如图 12-20 所示，在广安爱众的日 K 线中，该股下跌过程中在图中 C 位置形成金叉，之后股价经过震荡整理，图中 D 位置的金叉形态又再一次显示出该股的买入点。BIAS（60）与 BIAS（5）形成了非常明显的金叉形态，此时股价上涨的幅度并不是很大，投资者买入股票后收益一定非常可观。

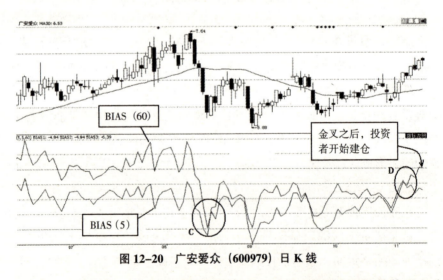

图 12-20　广安爱众（600979）日 K 线

如图 12-21 所示，从 BIAS 指标出现金叉之后，该股的上涨趋势进一步得到了确认，股价连续上涨幅度高达 34%。金叉能够帮助投资者抓住最佳的买入点位，即使在金叉之后买入该股，同样可以让投资者获利丰厚。

图 12-21　广安爱众（600979）日 K 线

3. BIAS 零轴附近震荡

在涨跌趋势不明、横盘震荡的时候，股价穿越移动平均线或者是跌破移动平均线都是经常发生的事情。这时候，对应的 BIAS 曲线也会不断震荡，死叉和金叉交替出现，金叉不能作为买入股票的信号来对待，而死叉也不能作为卖出股票的信号来看待。股价真正开始上涨的时机出现在 BIAS 曲线形成金叉，并且长期、中期、短期 BIAS 曲线由上到下依次发散排列之时，投资者这时候买入股票风险就小得多了。

如图 12-22 所示，在宜华木业上涨过程中随着指数的调整出现了横盘滞涨的现象。该股横盘长达 3 个月以上，在这期间 BIAS 指标也经过不断的调整，BIAS（60）逐渐从高位回落到了接近 BIAS（5）的幅度上。最终 BIAS（60）与 BIAS（5）同时出现横盘。

股价长期横盘震荡，指标也随之出现震荡趋缓的现象，说明后市股价必然出现大的突破行情。

如图 12-23 所示，在宜华木业的日 K 线中，指标调整到位之后，并未出现下跌的死叉形态，而是再次与股价一同上涨。显然，该股 BIAS（60）经过调整为股价顺利地上行创造了良好的条件。

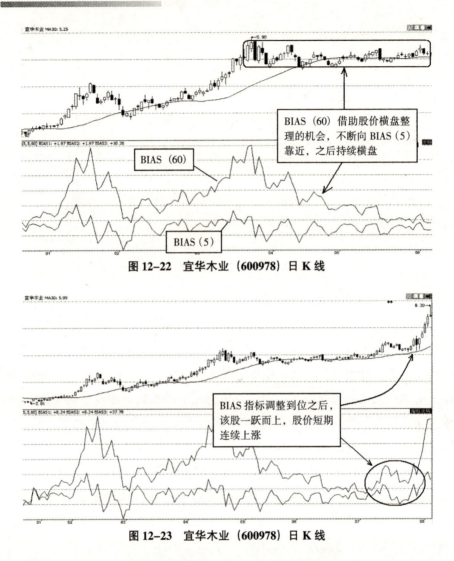

宜华木业 MA30: 5.25

BIAS（60）借助股价横盘整
理的机会，不断向 BIAS（5）
靠近，之后持续横盘

BIAS（60）

BIAS（5）

图 12-22　宜华木业（600978）日 K 线

宜华木业 MA30: 5.99

BIAS 指标调整到位之后，
该股一跃而上，股价短期
连续上涨

图 12-23　宜华木业（600978）日 K 线

第三节　注意事项

在使用 BIAS 指标的时候，同样需要投资者注意很多的问题，否则投资者会错失很多买卖机会。

第一，新股上市时间很短暂，计算得出的 BIAS 指标不具有参考价值。

新股上市的时间是非常短暂的，短暂的上市时间根本不能够计算出相对可靠的 BIAS 指标曲线，更不用说 BIAS 指标的变化趋势了。显然投资者如果利用上市不足两个月的新股来计算 BIAS（30），则计算得出的 BIAS 曲线是没有参考意义的，充其量只不过是一条曲线而已。

第二，BIAS 具有滞后性，投资者应该注意这一点。

BIAS 指标与很多指标共同的一个缺陷就是滞后性。不能够在股价下跌之前就判断出今后市场的变化方向，投资者如果想利用该指标抄底逃顶是不现实的。例如，在股价跌破 5 日均线之后很长时间才会出现 BIAS（5）与 BIAS（30）的死叉形态，如果投资者依照死叉指引的价位完成出货动作，可能会损失惨重。

如图 12-24 所示，国投新集的日 K 线显示，该股下跌的过程早已经开始了，而 BIAS 死叉出现时股价已经重挫了 20% 以上。因此投资者在选择卖点的时候，注重其他相关指标以及股价相对于短期均线的走势，将更加有利于对后市的判断。

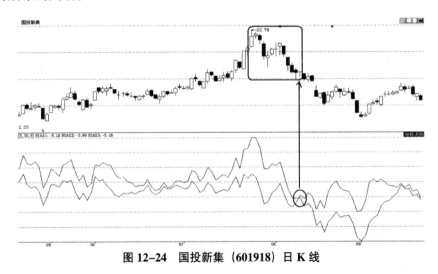

图 12-24 国投新集（601918）日 K 线

第三，熊市的初期，BIAS 指标会出现明显的错误买入信号。

股价深幅调整时，熊市会在很长一段时间内持续。股价在下跌途中的每一次反弹行情都只是昙花一现，投资者途中介入抢反弹是非常危险的。事实上，与反弹对应的 BIAS 指标出现的反转迹象，也只不过是在考验投资者辨识真伪的能力罢了。真正反转的股票是不会出现反弹行情的，而是缓慢地沿着上升趋势持续下去。

　　如图 12-25 所示，在王府井的日 K 线中，该股在熊市当中也曾经出现过反弹的行情，但最终还是以大趋势下跌收场。可见，股票在下跌过程中，即使出现了图中所示的 BIAS 金叉形态，买入股票也是相当不可取的。股价长期下跌的大趋势在短期内一定是不可逆转的，投资者建仓时需要结合其他的指标以及指数的变化情况来综合考虑。

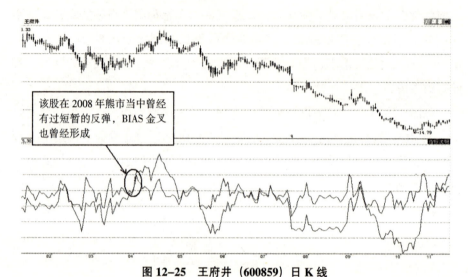

该股在 2008 年熊市当中曾经有过短暂的反弹，BIAS 金叉也曾经形成

图 12-25　王府井（600859）日 K 线

第十三章　布林线指标——BOLL

第一节　BOLL 指标简介

一、布林线指标

布林线指标是由约翰·布林发明的利用股价的标准差及其信赖区间来判断股价走向的技术指标。投资者可以通过布林线指标来判断股价的运行趋势、股价的波动区间以及支撑和压力状态等。通过不同周期的布林线指标，投资者可以比较正确地预测出股价的运行趋势，在适当的时候做出相应的买卖动作。

二、布林线计算方法

从计算方法上来看，布林线指标是比较复杂的一个指标，涉及了标准差的计算，以及布林上轨线、中轨线以及下轨线的计算。当然，根据投资者操作股票的周期不同，也可以选择不同的中期布林线指标。

中轨线 = N 日移动平均线

上轨线 = 中轨线 + 两倍标准差

下轨线 = 中轨线 – 两倍标准差

日 BOLL 指标的计算过程：

计算 MA：MA = N 日内的收盘价之和÷N

计算标准差 MD：MD = 平方根（N–1）日的（C–MA）的两次方之和除

以 N

计算 MB、UP、DN 线：MB =（N – 1）日的 MA

UP = MB + K × MD   DN = MB – K × MD

（K 为参数，可根据股票的特性做相应的调整，一般默认为 2）

第二节　BOLL 指标实战用法

一、布林线三轨道关系

1. 三轨道线同向运行

布林线在股价运行趋势稳定的时候，三条轨道线的运行趋势也会比较明确。如果股价处于非常明显的上升趋势当中，轨道线的开口会维持放大的状态，并且三条轨道线会依次排列上行。既然是多头占据优势，投资者在任何位置买入股票都是比较合适的，下跌的风险非常小。

与此相反的是，处于下跌趋势中的股票对应的布林线是一直下跌的，投资者在任何位置卖出股票都是止损的好机会。并且随着时间的推移，股价下跌的幅度会不断扩大化，尽早出货才是投资者最佳选择。在下跌趋势中，布林线的三条轨道线由上到下依次平行排列开，呈现出下跌的状态。在股价企稳之前，平行下跌的趋势不会轻易改变。投资者也许在股价缓慢下跌过程中根本就找不到合适的出货时机，但是尽早出货一定会使损失减少。

如图 13-1 所示，在号百控股的日 K 线中，布林线自股价开始从高位破位下跌开始，三条轨道线依次排列开来，平行向下延伸下去。在跌势延续过程中，布林线（该布林线为 20 日的计算周期，标准差为 2，下同）的三根轨道线也一直处于下跌趋势，没有出现过任何逆转。一直到股价在底部企稳之后，布林线下跌的趋势才止住。

如图 13-2 所示，在光明乳业的上升阶段，布林线的三条轨道线向上平行延伸。只要股价上涨的趋势不发生根本改变，布林线的平行向上趋势也不会出现任何的变化。

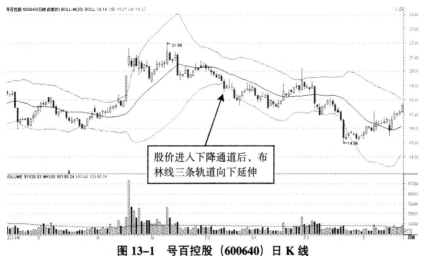

股价进入下降通道后，布林线三条轨道向下延伸

图 13-1 号百控股（600640）日 K 线

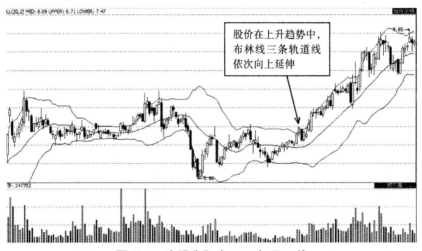

股价在上升趋势中，布林线三条轨道线依次向上延伸

图 13-2 光明乳业（600597）日 K 线

　　投资者在股价上涨的过程中持股，可以随时注意布林线上轨线的变化。如果上轨线没有首先收缩，股价上涨的趋势就仍然可以延续。在股价转换方向时，布林线上轨线会首先收缩，其次才是下轨线的走平直至收缩。

　　如图 13-3 所示，在光明乳业的日 K 线中，股价上涨趋势趋缓之后，图中布林线的上轨线首先在 C 位置开始收缩，而过了将近一周的时间布林线的下轨线也在图中的 D 位置开始平行发展。可见，在股价上涨过程中，只要布林线的上轨线没有收缩，股价就会一直沿着原有的趋势运行下去，而一旦布

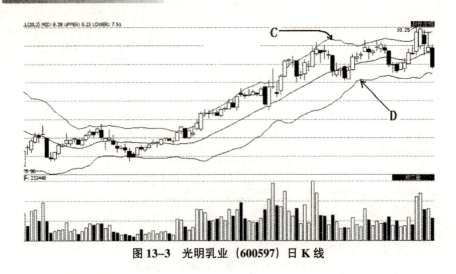

图13-3　光明乳业（600597）日K线

林线上轨线出现收缩的迹象，投资者就要谨慎持股，股价可能会在今后的时间里出现明显的调整。

2. 三轨道线横向运行

如果布林线三条轨道线全部横向发展，就说明股价涨跌方向并不明朗，究竟是涨是跌还要看后市如何。

布林线横向发展，从股价运行的位置来看无非是四种情况：股价见底时、股价见顶时、股价上涨的途中、股价下跌的途中。不管属于哪一种情况，投资者选择买卖方向还是要综合地考虑突破后的股价运行趋势，这样才能够准确地抓住买卖价位。

若股价在见底时，或者股价在上升途中，布林线三条轨道线呈现出横向发展的趋势，投资者可以在股价企稳上涨且布林线开口开始扩大时买入股票，这样后市盈利的可能性才比较大。

若股价在见顶时，或者股价在下跌途中，布林线三条轨道线出现了横向发展的趋势，投资者可以在股价跌破布林线中轨道且布林线开口时出货。选择在这个时候出货，将是投资者避免投资损失的好机会。布林线开口一旦张开，股价的下跌趋势也就被进一步打开了，出货时间越晚，造成的亏损将会越大。特别需要注意的是，股价在高位下跌前都会有一段主力放量拉升出货的动作，这种情况下，主力制造了股价上涨突破的假象，而事实上股价距离破位下跌已经只有一步之遥。下跌的股价可以从布林线的上轨附近连续穿越中轨和下轨，进入到强势下跌的行情当中。那时候，投资者若想出货，恐怕已经很困难了，只能被深度套牢。

如图 13-4 所示，在乐山电力的日 K 线中，股价从下跌中企稳之后，布林线一改往日的单边下跌趋势，转为横向延伸。之所以出现布林线横向发展的趋势，与股价的微幅波动是分不开的。多空双方争夺最激烈的时候也是出现在股价震荡的过程中，不过恰好这个时候是投资者建仓的绝佳时机。一旦股价真正站在布林线的中轨之上，投资者大举买入股票后获利一定是非常可观的。

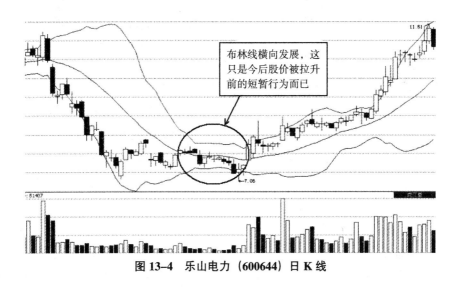

图 13-4 乐山电力（600644）日 K 线

如图 13-5 所示，在乐山电力的日 K 线中，当股价站稳于布林线中轨之上，上升的趋势一直持续下来。既然股价能够站于布林线中轨上，上涨的趋势就已经处在形成之中了，此时投资者买入股票其风险是非常小的。当然，买入股票的最佳位置应该是股价回调到布林线中轨时，此处持股的股价较低，适宜建仓。

二、布林线"喇叭口"

布林线指标具有三条轨道线，在股价涨跌的过程中，上轨和下轨会出现非常明显的扩张和收缩形态，从侧面看就像一个不断变化的"喇叭口"形状。"喇叭口"形态是布林线指标特有的一种判断股价涨跌方向的手段。在

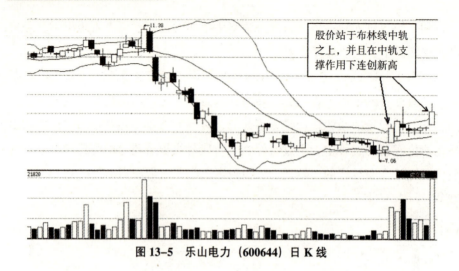

股价站于布林线中轨之上，并且在中轨支撑作用下连创新高

图 13-5 乐山电力（600644）日 K 线

股价波动的过程中，不断震荡的股价会对应呈现出紧缩状态的"喇叭口"形态。而无论股价向着哪个方向运动，只要股价突破了原来的震荡区域，那么喇叭口形态就会出现扩张状态。相反地，当股价上涨或者下跌的趋势趋缓时，"喇叭口"形态就会趋于收缩，出现收缩型"喇叭口"形态。无论是收缩的"喇叭口"形态还是扩张的"喇叭口"形态，都说明股价运行趋势在逐渐地趋于缓慢，投资者应该准备做出相反的操作。

1. 收缩型"喇叭口"

股价在被拉升过程中，布林线的上轨线和下轨线不断地向着相反的方向扩张，造成布林线"喇叭口"形态越来越大。但是股价上涨的趋势不可能一直延续下去，当成交量不能够继续放大时，股价的下跌趋势也就到来了。一旦股价开始掉头向下，布林线上轨线会跟随股价下跌，而布林线下轨线还在继续上升，这样布林线上轨、下轨向内收缩的形态就形成了一个不断收缩的"喇叭口"，收缩型"喇叭口"由此就形成了。

收缩型"喇叭口"的出现预示着股价即将变盘。股价经过前期的大幅度拉升之后，多方的力量逐渐不及空方的抛售力量，股价上涨的趋势也就此停止。布林线上轨、下轨同时向内部收缩就是股价滞涨造成的。布林线完成收缩的动作之后，再一次开口之时才是股价真正趋势开始之日。

收缩型"喇叭口"形态是股价大涨之后才出现的，股价在前期被拉升的幅度越大，股价上涨过程中喇叭口放大的程度也就越大。在股价开始下跌的时候，如果喇叭口要重新收缩到原来的状态，一定需要股价长时间的调整才能出现收缩型的"喇叭口"。因此，一旦在股价上涨中的布林线上轨、下轨形成收缩喇叭口形状，投资者必须率先做出相应的反应，不然就会面临较大的投资损失。

　　如图 13-6 所示，收缩型"喇叭口"出现在金龙汽车下跌趋势的后期，在股价出现了企稳迹象之后，布林线的下轨首先出现了收缩的迹象。布林线收缩之后，即使股价在短期内没有出现反弹的行情，股价下跌的趋势也随之告一段落。即使股价再次下跌，也会在布林线再次打开之后才会出现。

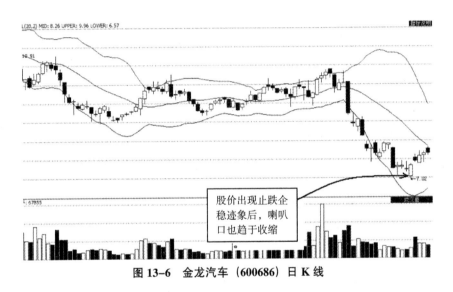

股价出现止跌企稳迹象后，喇叭口也趋于收缩

图 13-6　金龙汽车（600686）日 K 线

　　如图 13-7 所示，该股布林线下轨收缩后不久，布林线上轨也开始逐渐走平并且横向发展。股价在布林线出现收缩型"喇叭口"的过程中不断止跌，这时候持仓的投资者也不宜再止损了。因为股价下跌的趋势不仅没有继续延续，而且后市很可能还会出现放量上涨的行情，选择这时出货已经不合时宜了。

　　2. 扩张型"喇叭口"

　　股价在横盘整理时，布林线上、下两个轨道线之间的距离也会不断收缩，直到股价波动的范围不能够再变小。横盘整理的股价突然开始放量上涨时，布林线的上轨线也快速地被拉升了上去，但是下轨线却出现快速下探，这样一来，布林线的上、下轨道线就形成了不断放大的喇叭口形状，也就是

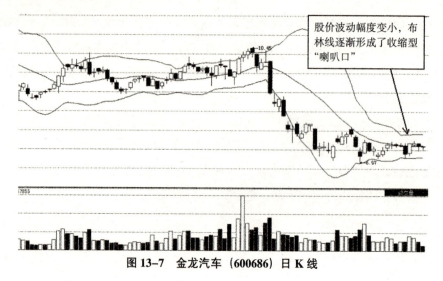

股价波动幅度变小，布林线逐渐形成了收缩型"喇叭口"

图 13-7 金龙汽车（600686）日 K 线

我们所说的扩张型"喇叭口"。

扩张型"喇叭口"形态不仅出现在股价放量上涨的过程中，而且同样可以出现在股价从横盘开始破位下跌的过程中。两者不同之处在于，在放量上涨过程中形成喇叭口形态时，布林线的轨道线最终走势是向上的；而破位下跌后形成的扩张型"喇叭口"形态，布林线的轨道线是向下的。从股价所处的位置上来看，在放量上涨时，股价处于扩张型"喇叭口"布林线中轨的上方；而股价破位下跌时，股价处于扩张型"喇叭口"布林线中轨的下方。

扩张型"喇叭口"形态是股价在长期横盘之后、真正的涨跌趋势确定前形成的。投资者如果能够在第一时间里察觉到喇叭口的微妙变化，就可以提前建仓或者出货，大大地提高获得投资收益的概率。相反，如果没能够抓住潜在的操作机会，那么在今后股价趋势形成之后投资者只能被动地接受现状。

事实上，投资者通过布林线的计算方法可以知道，布林线在短时间内扩张只不过是在适应股价突然出现的剧烈波动而已。因为在前期，股价波动幅度非常小，布林线上、下轨道线之间的距离也非常近，要想在股价瞬间大涨或者大跌的时候反映布林线的特征，只能够依靠两条轨道线的扩张来实现。由此，投资者可以清楚地知道，布林线的扩张一定出现在股价突然大涨或者大跌的时候，并且这种扩张现象不会一直持续下去。随着股价涨跌趋势的确立，布林线之间的距离也就大体上确定了。布林线的两条轨道线会沿着股价运行的趋势不断地近似于平行发散下去，直到股价运行趋势结束为止。

如图 13-8 所示，在广船国际的日 K 线中，股价在横盘整理过后逐渐地企稳上涨。图中股价所处的位置不断被抬高到了布林线的中轨之上，这是股价企稳的好兆头。布林线从股价横盘整理时的紧缩状态逐渐发展为扩张型的"喇叭口"形态，图中对应 A、B 两处放大的成交量，显然多方已经占据了主动权，股价进一步挑战新高已经成为高概率事件。

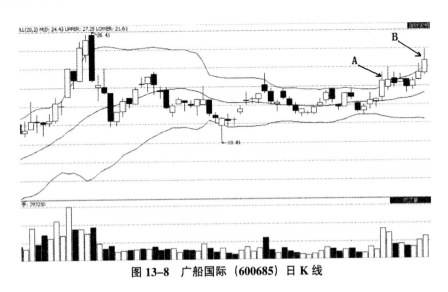

图 13-8 广船国际（600685）日 K 线

如图 13-9 所示，广船国际这只股票在布林线开口之后顺利地上涨，股价不断创出新高。显然，股价在突破阻力之前，扩张型的"喇叭口"形态已经为投资者发出了买入信号。早一点意识到这种信号，我们就可以在最佳的价位持股，今后的收益就有保证了。

从图中可以看出，股价在上涨的初期还是在布林线的中轨和上轨之间不断地爬升，而到了主力拉升的后期，股价已经突破了布林线的上轨了。这说明该股上涨到了最后的时候，已经到了近乎疯狂的地步，持股的投资者要注意投资风险。

3. 紧缩型"喇叭口"

股价经过了大幅度的上涨或者下跌之后，进入到了横盘整理的状态，这时候股价波动的幅度也随之减小了许多。随着股价波动幅度的收窄，布林线两条轨道线的距离也越来越近，最终布林线的两条轨道线形成了距离非常小

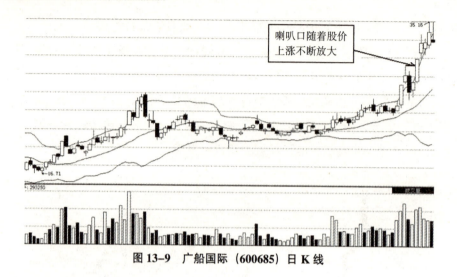

图 13-9 广船国际（600685）日 K 线

的喇叭口形态，也就是所说的紧缩型"喇叭口"。

紧缩型"喇叭口"形态是在股价运行趋势不明朗时出现的，它是股价见顶后下跌前的时期，或者是股价下跌见底之后筑底的过程。这时候多空双方的力量处于平衡状态，股价真正的涨跌方向需要进一步确认。

紧缩型"喇叭口"形成时，股票的成交量都是比较小的，并且处于不断萎缩的过程中。一旦股价开始放量上涨或者破位下跌，"喇叭口"才被放大。遇到紧缩型的"喇叭口"形态，投资者要学会等待，在明显的突破出现前切勿盲目地买卖股票。即使股价开始突破支撑或者主力位置，很多时候也是假突破，投资者需要谨慎判断才不至于掉进主力设置的陷阱。

如图 13-10 所示，广船国际在下跌的途中出现了紧缩型的"喇叭口"形态。虽然在这之后股价下跌趋势已经明显停止，但是很难说后市该股就会快速进入到上升行情当中。是否出现续跌的情况，就要看今后股价与布林线的变化了。

如图 13-11 所示，在广船国际的日 K 线中，虽然出现了紧缩型的"喇叭口"形态，但是成交量并没有放大。显然这次反弹之后，股价继续上涨已经值得怀疑了。在紧缩型"喇叭口"形成之后，股价反弹到了布林线的上轨附近就开始了下跌的趋势。股价下跌过程中，布林线再次出现了扩张型的"喇叭口"形态。

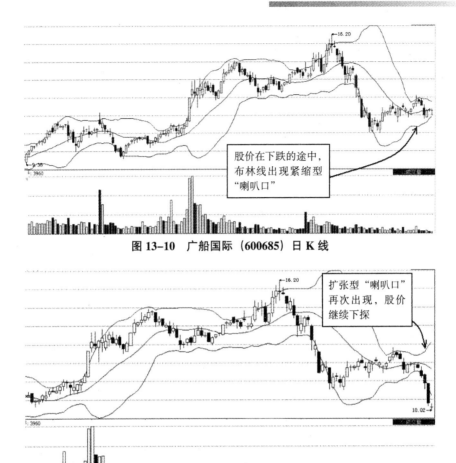

图 13-10　广船国际（600685）日 K 线

图 13-11　广船国际（600685）日 K 线

三、股价与布林线的位置

1. 股价运行在布林线中轨之上

股价运行在布林线之上，意味着多头基本上占据了主动，后市股价还是有上涨潜力的。特别是股价处于中轨之上，并且沿着布林线上轨向上运行，这说明多方力量是非常强大的，股价能够不断上涨。如果股价在前期的上涨幅度已经非常大了，这时候股价还继续沿着布林线上轨不断地上行，那么投资者就要十分小心了，股价随时都有可能变盘下跌。

另一种情况是，股价在布林线的中轨和上轨线之间不断地震荡上涨。这很可能是股价加速上行前的准备，今后在多头不断加强的过程中，股价有望沿着布林线的上轨线进一步地上涨。

如图 13-2 所示，在龙头股份这只股票的上升阶段，布林线的三条轨道线向上平行延伸。只要股价上涨的趋势不发生根本改变，布林线的平行向上趋势也不会出现任何改变。

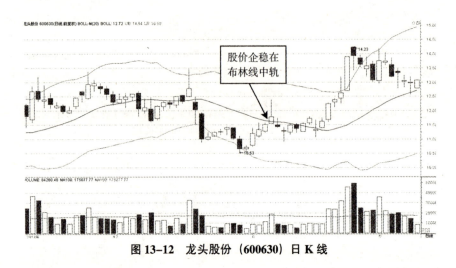

股价企稳在
布林线中轨

图 13-12　龙头股份（600630）日 K 线

如图 13-13 所示，图中 A 点股价跌破到布林线中轨附近，显然是很好的建仓位置，因为股价即将出现反弹。

该股的确在下跌到了布林线中轨附近后，就受到了有力支撑，从而快速地反弹。显然，布林线中轨对于多方来说是非常重要的，没有中轨的支撑，股价难以有很好的涨幅。

支撑作用虽然有效果，但是股价下跌的次数不能够太多，一旦下跌的次数过多，或者跌破了布林线中轨，那么股价可能就要开始反转了。

2. 股价运行在布林线中轨之下

布林线中轨线是多空双方争夺的焦点，在中轨线之下则空方力量强于多方力量，而在中轨线之上就是多方力量强于空方力量。股价既然运行于布林线中轨之下，就说明股价是处于空方控制的空头市场中。事实上，在非常明显的下跌趋势中，股价经常是运行在布林线中轨以下的。这是多头萎靡不振的表现，也是空头不断扩大优势的机会。虽然股价会在布林线中轨和下轨线之间不断地震荡，但总体的运行趋势毫无疑问是向下的。投资者应该时刻保持警惕，以防掉进下跌的趋势中不能自拔。

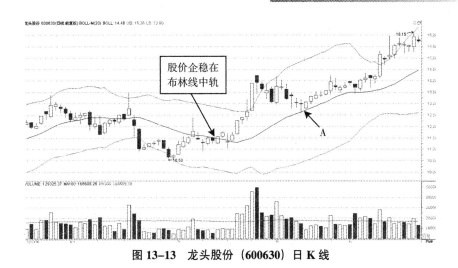

图 13-13　龙头股份（600630）日 K 线

在强势下跌的趋势中，股价一定是沿着布林线下轨不断破位下跌的。只有股价沿着布林线下轨线下跌，才能够表现出空方力量的强大。既然是在下跌趋势中，投资者就应该学会借反弹的时机出货，而不应该幻想抄底。在股价下跌过程中，投资者避免盲目抄底是非常重要的，股价真正的上涨行情会出现在布林线收缩后再次突破之时。

如图 13-14 所示，从西藏药业的日 K 线中可以看出，该股自从跌破布林线中轨后就开始了下跌的趋势。

3. 股价运行在布林线中轨附近

股价运行在布林线中轨附近，说明市场的涨跌趋势还不是很明朗，多空双方正在争夺主动权。在横盘震荡的行情中，投资者经常可以看到股价在布林线中轨附近上下不断穿行。股价真正开始上涨是出现在顺利突破布林线中轨的阻力作用，并且在中轨以上不断震荡以确认中轨的支撑作用有效。

下跌的时候也是如此，股价没有在布林线中轨位置大幅度下跌，就不足以说明空方力量的强大。只有股价大幅度跌破中轨的支撑，在以后的反弹过程中又受阻于布林线中轨，这样股价下跌的趋势才真正展开，如图 13-15 所示。

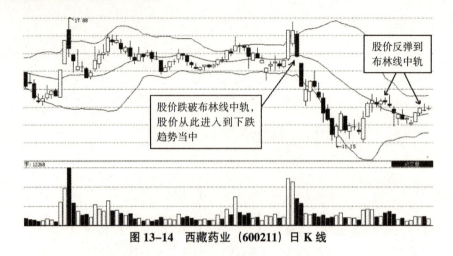

图 13-14　西藏药业（600211）日 K 线

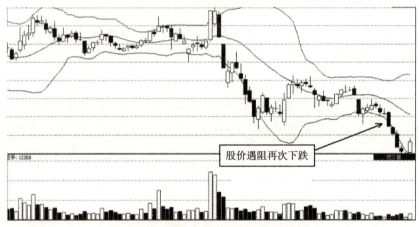

图 13-15　西藏药业（600211）日 K 线